무서운 식물나라

대한과학진흥회 _엮음

스완미디어
SWAN MEDIA

책 머리에

오늘날 우리들은 고도로 발달된 과학 문명의 혜택 속에 살고 있습니다.

우리의 선진 조국 창조를 위해 무엇보다 중요한 것이 과학기술의 개발입니다. 특히 자원이 부족한 우리나라에서 가꾸어야 할 유일한 자원은 과학 기술로 무장한 풍부한 인력 자원입니다.

대한 과학 진흥회에서는 배우는 학생들을 위해 사물을 깊이 관찰하는 습관과 합리적이고 창의적인 과학적 사고를 심어 주기 위한 방법의 하나로 과학 문고를 엮어 내고 있습니다.

과학 문고를 펴냄에 있어서 딱딱한 과학지식을 그림을 곁들여 쉽고 재미있게 이야기로 풀어 써서 학생들이 스스로 원리를 발견하고 재미를 느끼게 함으로써 과학의 여러 분야에 대하여 흥미를 갖고 접근할 수 있도록 하였습니다.

이 책과 더불어 많은 학생들이 과학에 깊은 관심을 갖고 탐구심과 창의력을 기르며 과학을 생활화 할 줄 아는 사람이 되는데 많은 도움이 되었으면 하고 바라는 마음 간절합니다.

기획편찬 **대한과학진흥회**

차례

무서운 식물이야기

벌레 잡는 식충 식물

사람과 마찬가지로 동물들도 살아나가기 위해서는 여러 가지 지혜를 짜내어서 생활합니다.

그런데 이에 못지않게 식물들도 훌륭한 지혜를 지니고 있습니다. 가장 활동적인 지혜를 가진 식물은 식충 식물입니다.

식물들은 대부분 동물들의 먹이가 됩니다. 그러나 식충 식물은 반대로 동물을 잡아먹습니다.

그러면 식충 식물은 어떻게 벌레를 잡을 수 있을까요? 또한 무엇 때문에 벌레를 잡을까요?

식물은 대부분 뿌리에서 빨아 올린 물이나 양분, 그리

고 잎에서 광합성 작용으로 만든 녹말을 섭취하여 성장하며 꽃을 피우고 씨앗을 영글게 합니다.

그러나 지구상에는 비가 적게 내리는 사막이 있는가 하면, 비는 내리지만 영양소가 거의 없는 거친 땅이 있습니다.

식충 식물은 다른 식물이 살기 어려운 이 거친 땅이나 높은 산의 바위 위나 습지에서 삽니다.

거친 땅에는 식물들이 생활하기에 필요한 영양소인 질소나 인이 거의 없습니다. 그렇다고 필요한 영양소를 구하기 위해 동물들처럼 이곳저곳으로 마음대로 이동할 수도 없습니다.

이렇게 제한된 조건에서 살아나기 위해서는 식물들도 새로운 방법을 짜내야만 했습니다.

식물은 잎을 변형시켜 벌레잡이 주머니를 만들었습니다. 그리고 잡은 벌레를 분해시키는 소화액까지 준비했습니다.

즉 식물은 하늘에서 날아다니는 잠자리, 벌 등 작은 곤충이나, 물 속에서 헤엄쳐 다니는 플랑크톤을 잡아먹는 방법을 짜낸 것입니다.

이렇게 동물을 잡아 영양을 섭취하며 살아가는 식물이 바로 식충 식물입니다.

이 식충 식물은 작은 새나 쥐, 심지어는 개구리를 잡아먹는 것도 있습니다.

그렇다고 식충 식물이 벌레를 잡아먹지 못하면 죽어버

리는 것은 아닙니다.

식충 식물도 다른 식물들처럼 광합성 작용을 하여 잎에서 양분을 만들어 냅니다.

그러나 오랫동안 벌레를 잡아먹지 않은 식충 식물과, 벌레를 잡아먹은 것 사이에는 큰 차이가 있습니다.

크기나 색깔, 번식력에 있어서, 벌레를 많이 잡아먹은 식충 식물이 훨씬 더 싱싱하고 강합니다.

식충 식물은 아름다운 잎이나 특이한 모양의 주머니를 벌레 잡는 도구로 사용합니다. 그 주머니에는 잡은 벌레를 분해시키는 소화액도 준비되어 있습니다.

벌레들과 곤충들은 그런 사실을 꿈에도 모르고 아름다운 꽃이나 특이하게 생긴 잎이나 달콤한 꿀에 꾀여서 식충 식물에게 다가가게 됩니다. 그래서 마침내 식충 식물의 먹이가 되는 것입니다.

식충 식물의 벌레잡이 방법

식충 식물의 벌레 잡는 도구는 잎 또는 잎의 한 부분이 변형되어서 생긴 것입니다.

변형된 잎의 모양에는 여러 가지가 있습니다. 그러한 잎의 변형 방식에 따라 식충 식물의 벌레를 잡는 방식도 달라집니다.

이 방법은 다음의 몇 가지로 나누어집니다.

끈끈이식: 잎에서 점액을 내어서 잎의 표면에 벌레를 붙인 다음, 잎에 나 있는 가는 털을 움직여 벌레를 감싸고 소화액을 내어 양분을 흡수합니다. 소화액을 내지 않는 것도 있습니다.

조개류식: 2조각으로 된 잎몸이 물 속에서 조개류처럼 입을 벌리고 기다리고 있다가 벌레가 들어오면 갑자기 닫아 합쳐서 먹이로 합니다. 육상 식물인 파리지옥도 이와같은 방법으로 먹이를 잡아

흡수합니다.

흡인식: 공통발 속, 폴리폰포릭스 속, 비오브라리아 속의 포충낭은 저압 상태로 되어서 벌레를 기다립니다. 벌레가 문의 가시에 닿으면 지레의 작용에 의해 안쪽으로 문이 열려 물과 함께 벌레는 순식간에 안으로 빨려 들어가게 됩니다.

미로식: 겐리시아 속은 가는 관상의 잎이 미로로 되어 있어 길을 잃고 들어온 벌레를 밑바닥까지 꾀어 먹이로 합니다.

함정식: 벌레잡이통풀과 사라세니아과, 세파로타스과의 식충 식물은 항아리나 통 모양의 잎 속에 벌레를 떨어뜨려 먹이로 합니다.

여러 가지 식충 식물

끈끈이주걱 (끈끈이식)

끈끈이주걱은 우리나라에서도 전국에 걸쳐 나 있는 대

표적인 식충 식물입니다.

늪 주변의 습지나 산기슭 물이 나는 비탈에서 흔히 볼 수 있습니다.

햇볕이 잘 드는 곳에서는 잎이 붉어지며, 마치 양탄자를 깔아 놓은 것처럼 아름다운 군집을 이루고 있습니다.

줄기는 거의 서지 않고 잎이 지면에 로젯 모양으로 펴집니다. 또한 긴자루 끝에 지름 1센티미터 정도의 둥근 잎몸이 붙어 있고 그 표면에 털이 빽빽히 나 있습니다.

끈끈이주걱은 이 털로 벌레를 잡습니다. 벌레가 날아와서 잎의 점액에 닿으면 '아차!' 하는 순간에 곧 잎이 엉겨 붙습니다.

벌레가 달아나려고 꿈틀거리면 꿈틀거릴수록 끈끈이주걱에서는 점액이 더 많이 나옵니다. 이렇게 털과 잎이 움직여서 벌레를 잡아 버립니다.

끈끈이주걱의 잎 표면에 나 있는 털을 잘 관찰해 보면 잎의 가장자리에 나 있는 것이 가장 길고, 중심에 나 있는 것일수록 짧게 되어 모양이 약간 다릅니다. 잎에 벌레나 작은 고깃덩어리를 놓으면 물체가 닿은 가까운 곳의 털에서부터 서서히 운동이 일어나 마침내 잎 전체가 말려듭니다. 그리고 많은 점액을 내서 벌레의 몸을 분해하여 양분을 털로 흡수합니다.

그러나 작은 돌멩이나 철사뭉치를 놓으면 처음에는 털이 조금 움직이지만, 어느 정도 이상은 움직이지 않고 점액도 내지 않습니다.

점액은 벌레를 달라붙게 할 뿐만 아니라 소화액을 벌레 몸에 스며들게 하는 작용을 하고, 또 살을 분해시키는 작용, 다 먹을 때까지 살을 썩지 않게 하는 구실까지 합니다.

끈끈이 주걱

점액은 성냥개비나 손가락으로 건드리면 실이 되어 늘어날 정도이므로 날개를 가진 벌레가 걸려들면 쉽게 달아날 수 없습니다.

끈끈이주걱의 털은 자극하면 곧 굴곡 운동을 일으키므로, 감각이 있다는 뜻으로 이것을 촉모라고 부릅니다.

연필 끝으로 자극을 할 경우, 가장 빨리 반응하는 것은 털의 머리 부분입니다. 직접 촉모의 자루나 잎몸을 자극해도 촉모는 움직이지 않습니다.

만약 촉모의 머리 부분을 잘라 낸다면 촉모는 자극을 느끼지 못합니다.

그 밖에 끈끈이주걱은 자신의 필요로 하는 질소분을 포함하는 화학 물질의 자극에는 매우 작은 양에도 재빠른 반응을 보입니다.

끈끈이주걱은 가장자리의 긴 촉모와 가운데의 짧은 촉모 사이에 2열로 중간 정도 길이의 촉모가 늘어서 있습니다.

이 길고 짧은 2종류의 촉모 운동을 합하여 복잡 신속한 반응 운동을 할 수 있으며 먹이를 재빠르게 정확히 눌러버립니다.

잎 표면에 파리 등의 상당히 큰 먹이가 걸려들어 달아나려고 몸부림치면 가장자리에 나 있는 기다란 촉모까지 자극의 전달을 받아 움직이기 시작하여 먹이 위를 덮어버립니다.

그러나 자극을 느끼는 것은 주로 촉모 머리 부분이지만 굴곡 운동을 하는 것은 자루의 아랫부분입니다.

자루는 세로로 기다란 세포로 이어져 있고 자극을 받은 쪽 세포의 팽압이 갑자기 낮아지기 때문에 반대쪽의 압력에 밀려 꼬부라지는 것입니다.

긴 촉모의 끝이 215도로부터 270도의 각도를 움직입니다.

잡은 먹이의 소화가 다 끝나면 촉모는 다시 늘어나서 일어섭니다. 먹이를 먹기 전과 길이를 비교해 보면 13~20퍼센트 정도 자라난 것을 알 수 있습니다.

그러나 생장에는 한계가 있기 때문에 보통 1개의 촉모는 3,4회 정도의 굴곡밖에 되풀이하지 않습니다.

끈끈이주걱이 벌레가 붙도록 하기 위해 내는 점액과 소화액은 서로 다릅니다.

점액은 벌레의 몸에 얽혀 붙고 벌레가 죽을힘을 다해 몸부림치는 동안에 촉모의 머리 부분에서 조금씩 번져 나옵니다. 그 후에 새로운 유동성의 소화액이 나오게 됩니다.

그 속에 펩신과 비슷한 엔도펩티디아제에 속하는 효소가 함유되어 있어서 산성 상태로 되어 단백질을 분해시킵니다.

이것은 우리 사람들의 위와 비슷한 작용을 합니다.

분해된 물질은 곧바로 촉모나 잎의 표면으로 흡수되고,

뿌리 등 식물 전체로 이동하여 끈끈이주걱의 호흡과 생장을 돕게 됩니다.

끈끈이귀개

끈끈이귀개는 따뜻한 지방의 습지에서 잘 자랍니다.

우리나라 남쪽 다도해 도서 지방에 자라고 있으며, 동남 아시아, 인도, 스리랑카, 오스트레일리아에까지 널리 분포되어 있습니다.

끈끈이귀개는 끈끈이주걱과는 달리 줄기가 똑바로 서 있습니다.

잎은 초승달 모양으로 생겼으며 길이가 5밀리미터쯤 됩니다. 가느다란 줄기가 30센티미터 정도까지 높이 자라며 가지도 나누어지지 않습니다.

잎은 어긋나기로 달려 있고, 땅 속에는 완두 모양의 덩이줄기가 뻗어 있습니다.

끈끈이귀개는 작은 파리나 굼벵이벌, 등에 따위를 잡아먹습니다.

4~5월에 줄기 위쪽 끝에 흰 꽃이 피며, 여름이 지나면

줄기와 잎이 말라서 검게 변하고 땅 속의 덩이줄기만 남아서 잠을 잡니다.

갈대끈끈이주걱

긴잎끈끈이주걱과는 달리 갈대끈끈이주걱은 따뜻한 곳에 삽니다.

갈대끈끈이주걱의 잎은 마치 수레의 바퀴살처럼 팔방으로 퍼져서 땅 위에 달라붙은 채 벌레를 기다립니다.

잎 한 장의 길이가 2센티미터 정도밖에 안 되므로 갈대끈끈이주걱의 먹이가 되는 벌레도 크기가 작습니다.

갈대끈끈이주걱은 대개 초파리나 진딧물 따위를 잡아먹습니다.

갈대끈끈이주걱은 흰 꽃이 피는 것도 있지만 대부분 빨갛고 작은 예쁜 꽃이 핍니다.

긴잎끈끈이주걱

끈끈이주걱의 한 종류인데 잎자루까지 합치면 잎의 길

이가 7센티미터쯤 됩니다.

긴잎끈끈이주걱은 우리나라 북부지방 산지의 습지에 나 있습니다. 또한 유럽이나 북미의 추운 지방에도 분포하는 다년초입니다.

강원도 양구군의 대암산 큰 용늪에는 진귀한 끈끈이주걱의 대군락이 있습니다. 그곳에서는 잡으려고 하는 식물과 달아나려고 하는 벌레와의 싸움이 끊이지 않습니다.

이 긴잎끈끈이주걱은 잎이 매우 길기 때문에 공중을 날아다니는 잠자리나 나비, 파리 따위도 잡을 수 있습니다.

먹이가 클 때에는 먹이의 꼬리를 잡는 잎, 날개를 누르는 잎, 다리를 끌어당기는 잎 따위로 서로 나뉘어서 협력하여 먹이를 잡습니다.

긴잎끈끈이귀개

바닷가 가까운 모래질의 거친 땅에서 무리를 이루어 자랍니다.

긴잎끈끈이귀개는 연해서 쓰러지기 쉬운 줄기가 10~20센티미터로 뻗어 기다란 실 모양의 어긋나서 자라는 잎을 많이 가지고 있습니다.

땅 속에 덩이줄기를 만들지 않기 때문에 우리나라의 긴잎끈끈이귀개는 1년초입니다.

긴잎끈끈이귀개는 여름에 줄기 위쪽에서 몇 개의 꽃줄기가 뻗어나 흰색 또는 핑크색의 꽃이 몰려 핍니다.

또한 먹이로는 나비나 왕파리처럼 큰 것을 두 번 감기로 잡아먹습니다.

여러 나라의 끈끈이주걱

끈끈이주걱 속이 가장 많이 나는 곳은 오스트레일리아입니다. 특히 남부와 서남부에는 여러 가지 진기한 종류가 자라고 있습니다.

오스트레일리아 남부와 뉴질랜드에서 자라고 있는 피그미끈끈이주걱은 가장 작은 끈끈이주걱의 일종입니다.

잎몸은 지름 2~3밀리미터 정도로서 스푼 모양으로 되어 있어서 잡은 벌레를 소화시키기 쉬운 구조를 하고 있습니다.

피그미끈끈이주걱은 털과 같은 꽃줄기의 꼭지점에 작

고도 흰 꽃잎 4장이 달려 있습니다.

네가닥끈끈이주걱은 동부에서 남부에 걸쳐 자랍니다.

잎은 길고도 딱딱한 자루를 가지고 있으며 잎몸은 2가닥 또는 8가닥으로 쪼개어져 자랍니다.

끈끈이귀개와 비슷하게 땅 속에 덩이줄기를 가지고 있는 종류도 많습니다.

북미의 북부와 태평양에는 유라시아 대륙과 공통인 끈

끈이주걱, 긴잎끈끈이주걱 등이 분포하고 있습니다.

대서양 쪽의 동해안에는 긴자루끈끈이주걱, 실잎끈끈이주걱 등 특이한 종류가 자라고 있습니다.

실잎끈끈이주걱의 잎은 기다란 실 모양을 하고 있으며, 지면에서 바로 올라갑니다. 길이는 10~30센티미터나 되며 잎 전체에 털이 나 있습니다.

여름철에 잎보다 높은 꽃줄기를 세우고 홍자색의 꽃이 핍니다.

드로소필름은 스페인, 포르투갈과 모로코에서만 자라는 끈끈이주걱과의 특별한 종입니다.

드로소필름은 어느 정도 건조한 땅에서도 나 있으며, 긴 뿌리를 땅 속 깊이 뻗치고 있습니다.

줄기는 튼튼해서 바로 설 수 있고, 나무처럼 약간 딱딱합니다. 또한 잎은 길다란 실 모양으로 많이 나 있습니다.

어린 잎은 소용돌이 모양으로 감겨 있으나 끈끈이주걱속과는 달리 바깥으로 감겨 있습니다. 따라서 잎이 열리게 되면 안과 밖이 거꾸로 되어 버립니다.

이것은 줄기로부터 잎으로 바뀌는 곳에서 관다발이 비틀어지기 때문입니다.

이 현상은 식물계에서 좀처럼 보기 힘든 진기한 것입니다.

잎에는 많은 털이 나 있고 끈적거리는 액체를 내며, 일종의 냄새를 풍깁니다. 또한 잎의 표면에 흩어져 있는 자루가 없는 샘으로부터 소화액을 냅니다.

자연적으로 자라는 곳에서는 비가 많이 내리는 1~2월경에 싹이 터서 생장하여 4~5월 경 노란 꽃을 여러 송이 피워 냅니다. 그러나 여름의 건조기에는 거의 말라버리고 약간의 싹이 남아서 다음의 우계를 기다립니다.

파리지옥풀 (조개류식)

북아메리카의 습지에서만 서식하고 있는 파리지옥풀은 벌레 잡는 기능이 가장 뛰어난 식충 식물입니다.

잎은 뿌리 가까이에서 나오는데 잎자루 끝에 잎 한 장이 나 있습니다.

가장자리에 가시가 나 있는 잎몸은 2조각으로 나누어져서 열린 조개 모양으로 서로 마주보며 열려 있습니다.

자세히 보면 열려 있는 잎 양쪽의 표면에 각각 3개의 짧은 가시가 나 있습니다.

이것이 감각털이며 벌레가 닿으면 1초 이내의 속도로 마주보고 있던 잎이 하나로 닫힙니다.

잎 가장자리에 나 있는 가시는 벌레를 잡았을 때에 창틀 역할을 하여 서로 맞물려지기 때문에 벌레는 달아나지 못합니다. 잎 안쪽에 나 있는 작은 바늘은 벌레를 잡을 때에 방아쇠 역할을 하는 것입니다.

벌레들은 파리지옥풀이 벌레를 잡는 무서운 식충 식물이라는 것을 전혀 모릅니다. 그래서 파리지옥풀 옆을 아무 주의 없이 걸어다니거나 그 열려있는 잎 속으로 들어갑니다.

벌레가 잎 사이로 들어가서 방아쇠 역할을 하는 가시에 닿으면 잎이 0.5초밖에 안 되는 빠른 속도로 닫혀 버립니다.

파리지옥풀

재미있는 사실은 벌레가 첫 번째 건드릴 때는 그대로 있고 두 번째 건드려야만 운동을 시작한다는 것입니다. 즉, 벌레가 잎 한 가운데로 오는 것을 기다렸다가 잎을 닫아버리는 매우 특이한 구조를 갖은 것입니다.

잡힌 벌레는 잎이 차츰 조여드므로 압사하여 터져 죽고 맙니다. 그러면 파리지옥풀은 그 체액을 소화 흡수합니다.

며칠 후 파리지옥풀은 천천히 잎을 다시 열어 완전히 껍질만 남은 벌레의 찌꺼기를 토해 냅니다.

파리지옥풀은 이와 같이 무서운 식충 식물이지만 잎의 크기는 겨우 3센티미터 정도입니다. 따라서 잡히는 벌레로는 그만한 크기의 파리, 달팽이, 거미 정도입니다.

파리지옥풀의 감각털의 구조를 조사해 보면 밑쪽에 붙어 있는 자리 가까이에 가늘게 늘어난 부분이 있고, 굽혀지기 쉬운 세포줄이 있는 것을 알 수 있습니다.

따라서 털 끝에 벌레가 닿으면 지레의 작용으로 세포가 굽혀집니다.

이 세포에 의해 일어난 변화가 밑부분의 잎몸에 전해지고, 그 자극이 어느 한계를 넘으면 잎몸이 굽혀지면서 잎이 닫혀지는 것입니다.

이것은 양쪽 조각이 이어진 것으로 경첩 모양이기 때문에 닫혀지는 것은 아닙니다.

한계 이상의 자극이 감각털에 받아들여져 안쪽의 팽압이 낮아지면서 바깥쪽으로부터의 압력에 의해서 굽혀져서 닫히는 것입니다.

이와 같이 파리지옥풀의 감각은 기본적으로는 동물의 감각과 조금도 다름이 없습니다.

먹이인 벌레와 함께 한 번 닫혀졌다 다시 열린 잎은 대개 10퍼센트 정도 자라납니다.

이것은 벌레를 잡아먹지 않은 잎과 비교해 볼 때 10배나 빠른 성장률입니다.

한 번 닫힌 잎은 먹이의 소화가 끝날 때까지 열리지 않습니다.

현미경으로 조사해 보면 파리지옥풀의 잎 표면에는 붉은 색을 한 작은 세포덩어리인 알갱이가 다닥다닥 붙어 있는 것을 볼 수 있습니다.

잎이 닫혀져 벌레의 몸을 압박해서 벌레의 체액이 나오면 그 세포덩어리가 자극되어 소화액이 많이 나오게 됩니다.

잎이 닫혀지고부터 3, 4일째에 가장 많은 양이 분비됩니다. 이렇게 해서 나온 소화액은 닫혀진 잎 속에 괴어 벌레의 몸을 녹입니다.

이 소화액에는 단백질을 분해하는 효소가 포함되어 있어서 벌레의 몸을 재빨리 분해시킵니다.

분해된 질소화합물인 영양소는 세포덩어리와 잎의 표면에서 계속 흡수되어 파리지옥풀의 생장을 촉진시킵니다

벌레먹이말

벌레먹이말은 빙하기 시대에 널리 분포하고 있다가 추위에 말라 죽고 극히 한정된 곳에 살아 남은 식충 식물이라 할 수 있습니다.

벌레먹이말은 본래 열대생의 물풀입니다. 따라서 물의 온도가 30도 정도 되는 곳에서 가장 잘 자랍니다.

늪에서 자라며 몸길이가 10~30센티미터쯤 되는 뿌리 없는 물풀입니다.

여름이 되면 물 위에서 녹백색의 작은 꽃이 피며, 꽃이 지면 물 속에서 씨가 생깁니다.

수온이 내려가게 되면 줄기 끝에 나 있는 비늘조각 모양의 잎이 꽉 뭉쳐져서 겨울눈을 만들고 물 밑으로 가라앉아 겨울나기를 합니다.

벌레먹이말의 줄기는 가지 나누기를 하여 10센티미터부터 30센티미터까지 자라며 기묘한 2조각 모양의 잎이 6~8장 돌려나기를 합니다.

그 잎의 테가 여러 개 이어져 있기 때문에 떠있는 모습이 흔들흔들합니다.

1장의 잎을 확대해 보면 잎 가장자리에 여러 개의 가시가 나 있는 주걱 모양의 잎자루에 환히 열려 있는 작은 2조각의 잎몸이 약간 기울어져 붙어 있는 것을 볼 수 있습니다.

이 열린 잎 속으로 물벼룩 등이 들어가 표면에 나 있는 몇 개의 감각털에 닿으면 양 잎을 살짝 닫아 먹이를 잡아

버립니다.

벌레먹이말의 이 닫는 속도는 50분의 1초로 카메라의 셔터 빠르기와 같습니다.

잎의 움직임은 조개가 그 껍데기를 닫는 모양과 비슷합니다. 그것을 자세히 살펴보면 양쪽 잎이 붙은 자리에 가까운 측벽이 팽압의 급격한 변화에 의해서 안쪽으로 급히 굽혀져서 재빠르게 닫혀지는 것입니다.

잎의 안쪽에는 반구형의 소화액을 내는 샘이 많이 있어서 여기에서 소화액을 내어 벌레를 녹여버립니다.

늪에는 물벼룩 또는 규조 따위의 플랑크톤이 많이 살고 있습니다. 또한 물 속에서 꼬리를 흔들며 오르내리는 모기의 애벌레인 장구벌레도 살고 있습니다.

그것들은 벌레먹이말의 잎 속에 들어가자마자 모두 잡아먹히게 됩니다.

통발(흡인식)

통발은 우리나라 어디에서나 볼 수 있는 식충 식물입니다.

오래된 연못이나 늪, 무논에까지 나 있으며, 뿌리가 없이 수면 아래에 떠 있습니다.

줄기가 20센티미터에서 1미터 정도로 자라서 가지가 나누어지는데 키가 큰 것은 1미터에서 2미터사이까지 자랍니다.

작은 싹으로 겨울을 지낸 통발은 봄이 되어 물이 따뜻해지면 엉킨 실뭉치를 풀어내듯이 잎을 뻗기 시작합니다.

그리고 곧이어 주머니를 많이 달고 벌레를 잡기 시작합니다.

가는 조각으로 나누어진 잎이 많이 늘어나서 물 속에 떠 있는 모습은 통발의 꼬리인 것처럼 느끼게 합니다.

잎은 번갈아 나는데 줄기로부터 나오면 이내 2개로 나누어져 각각 평면적으로 가늘게 갈라집니다. 이 갈라진 조각의 옆면과 끝에는 매우 작은 가시가 있습니다.

통발의 잎 곳곳에는 환히 터져서 안이 들여다보이는 벌레잡이주머니가 많이 붙어 있습니다.

안에 벌레가 가득 차 있어서 검은색으로 변한 벌레잡이주머니도 볼 수 있습니다.

새로운 벌레잡이주머니는 안이 매우 투명하게 보입니

다.

통발의 벌레잡이주머니는 잎의 일부 또는 잎의 갈라진 조각에 해당합니다.

그 벌레잡이주머니의 반대쪽에 반원형의 주둥이가 있는데, 그곳에는 안쪽으로만 움직이는 장치의 문이 붙어 있습니다.

또한 주둥이 양쪽에 2개씩의 가시가 나 있으며, 이것에 플랑크톤이나 물벼룩 따위가 가까이 다가와서 이 가시에 닿게 되면 지렛대 작용을 하여 문의 걸쇠가 벗겨지면서 물과 함께 벌레는 빨려들어 가게 되고 문이 닫힙니다.

그러면 주머니 속의 수압이 둘레의 수압보다 낮기 때문에 오그라들어 있던 벌레잡이주머니는 불룩 튀어나와 볼록렌즈 모양이 됩니다.

벌레잡이주머니의 안벽에는 많은 X자 모양의 흡수털이 나 있어서 쏟아져 들어온 물이 빠져나가는 배수를 담당합니다.

1~2시간이 지나면 벌레잡이주머니는 다시 원상태의 오목렌즈 모양으로 돌아가 또 다른 먹이를 기다립니다.

통발의 이러한 문의 여닫음은 벌레가 주머니 속에 꽉

벌레잡이 통풀

찰 때까지 몇 번이고 계속해서 되풀이하게 됩니다.

통발의 벌레잡이주머니 안쪽 벽에 나 있는 X자형의 흡수털은 단백질 분해 효소를 분비합니다.

끈끈이주걱과는 달리 거의 중성에 가까운 상태에서 효소의 작용을 보이며, 이내 박테리아의 분해를 맡게 됩니다.

벌레가 가져온 대장균이나 토양 세균이 보이지만 그들의 번식을 적당히 억제하기 위해 방부제인 안식향산을 내어 부패를 막고 있습니다.

이 흡수털의 배수력은 매우 강력합니다. 벌레잡이주머니가 빨아들인 물을 30분에서 2시간 사이에 모두 다 배설합니다. 그와 동시에 질소화합물 등의 분해 산물도 흡수하여 식물 전체로 운반합니다. 그리고 그것을 생장과 씨앗을 만드는 데 이용합니다.

여러 종류의 통발

들통발은 우리나라에도 따뜻한 지방에 널리 퍼져 있으며 동남아시아, 인도, 오스트레일리아에도 살고 있습니다.

들통발은 잎이 붙어 있는 곳에서 여러 조각으로 나누어져서 각각 붓 모양의 가는 실과 같은 것이 다발로 되어 있습니다.

또한 잎에는 많은 벌레잡이주머니가 붙어 있습니다.

꽃은 연크림 빛깔을 띠고 있는 소형으로, 결실하면 꽃대와 꽃잎 그리고 작은 꽃자루의 윗부분이 부풀어져서 호리병 모양이 됩니다.

좀통발은 본래 추운 지방의 물풀입니다. 겨울에는 단단하고 둥근 겨울눈을 만들어 물 밑에 가라앉아 겨울나기를 합니다.

줄기는 가늘고 꼬불꼬불해지기 쉬우며, 잎은 한 조각씩 어긋나기를 합니다.

잎은 2쌍씩 나누어지며 옆에는 가시를 달지 않고 끝쪽에만 가시를 답니다.

물 속에서 자라나는 녹색의 줄기에도 벌레잡이주머니가 달리지만 벌레잡이주머니만을 다는 반투명의 가지가 물 밑 흙탕 속으로 자랍니다.

좀통발은 흐르는 물 속에서 생활하는 것, 얕은 물 속에 가라앉아 물이끼 위를 기어서 생활하는 것 등 영양 상태에 의해서 모양이 여러 가지로 달라집니다. 꽃은 잘 피지 않으나 꽃잎은 담황색이고 마치 혀를 내민 모양입니다.

실통발은 물 속을 떠다니는 통발과 육지에서 사는 땅귀개의 양쪽 생활을 겸하고 있습니다.

원래 열대성의 물풀로서, 동남아시아, 오스트레일리아, 아프리카, 남미, 북미 그리고 유럽 쪽에는 포르투갈에만 분포하고 있습니다.

겨울눈은 만들지 않지만 물 밑에 벌레잡이주머니가 달려 있는 가지를 만듭니다.

깊은 물에서 떠다니며 생활하는 것에는 진흙 속으로 뻗어가는 가지를 내지 않습니다.

꽃은 담황색이며 땅귀개와 비슷하지만 그것보다는 약간 크며 꽃을 잘 피웁니다.

통발 류에 속하는 좀땅귀개는 세계에서 가장 작은 꽃을

피우는 식충 식물입니다.

땅 속을 기는 가는 줄기로부터 1~2밀리미터의 털과 같은 잎을 땅 위로 조금 내놓습니다.

꽃줄기도 털과 같이 가늘며 밤색을 띠며 높이는 1~2센티미터 정도입니다.

그 끝에 겨우 1밀리미터 정도의 작은 꽃을 1~2개 피웁니다.

좀땅귀개가 자라는 곳에서 그것을 찾으려면 서서는 좀처럼 발견할 수 없습니다. 땅 가까이에 얼굴을 대고 자세히 살펴보지 않으면 찾아 낼 수 없습니다.

벌레잡이통풀 (함정식)

벌레잡이통풀은 열대 정글의 대표적인 식충 식물입니다.

벌레잡이통풀의 벌레잡이주머니도 잎이 변형되어 생긴 것입니다.

벌레잡이주머니는 잎 끝에서 뾰족 나온 줄이 점차 줄기가 되고, 그 줄기 끝이 서서히 부풀어 오르며 속이 비게 됩니다. 그리고 마침내 뚜껑이 열리면 훌륭한 먹이사냥의 도구인 벌레잡이주머니가 됩니다.

벌레잡이주머니의 생김새나 크기는 여러 가지인데 큰 것은 길이가 35센티미터 지름이 10센티미터나 됩니다.

이렇게 큰 벌레잡이주머니는 벌레뿐만 아니라 쥐나 개구리 같은 것들도 잡을 수 있습니다.

뚜껑이 열려 있지 않은 벌레잡이주머니 속에 괴어 있는 물은 깨끗해서 먹을 수 있으나, 한 번 뚜껑이 열린 주머니에는 많은 벌레가 떨어져 죽기 때문에 먹을 수 없습니다.

벌레잡이통풀의 종류에는 평지에 나는 것과 고산 지대에 나는 것이 있습니다.

또한 나무에 감겨서 높이 기어 올라가는 것이 있는가 하면 줄기는 길어지지 않고 지면으로 기는 성질인 것도 있습니다.

높이 기어 올라가는 종류는 뿌리 가까이에 생기는 주머니와 줄기 끝쪽에 생기는 주머니와는 그 모양이 다릅니다.

뿌리 가까이에 생긴 주머니는 원통형으로 땅딸막한 모

양을 하고 있으나 줄기 끝쪽에 생기는 것은 깔때기 모양입니다. 또한 무늬와 색채마저 다릅니다.

벌레잡이통풀의 줄기는 덩굴로 되지 않고 곧바로 뻗어나가면 번갈아 잎을 답니다.

그리고는 약간 두껍고도 평평한 잎의 끝으로부터 줄기가 뻗어 이것이 덩굴 모양으로 휘감기게 됩니다.

또한 이 줄기 끝이 부풀어져 속이 비게 되어 마침내 벌

레잡이주머니 모양이 됩니다. 그리고 뚜껑이 열려 벌레가 그 주머니 속으로 떨어질 때를 기다립니다.

한편 벌레잡이주머니의 입구 둘레나 뚜껑 안쪽에는 많은 꿀샘이 있어서 벌레들을 꾀어 들입니다.

그리하여 벌레가 꿀을 얻기 위해 주머니 속으로 들어가게 되면, 주머니의 안쪽 벽이 타일 벽처럼 미끄럽기 때문에 벌레들은 안으로 미끄러져 주머니 속에 괴어 있는 물 속에 빠져서 죽어 버리게 됩니다.

벌레잡이주머니 속에는 언제나 일정한 양의 물이 괴어 있습니다.

이 열려 있는 벌레잡이주머니 속으로 빗물이 가득 넘칠 정도로 흘러들어가도 오래지 않아 다시 일정한 양으로 되돌아갑니다.

반대로 주머니 속의 물을 모두 쏟아버리고 비어놓아도 뿌리에서 빨아 올린 물이 곧 일정하게 괴어 있게 됩니다.

이 벌레잡이주머니에 오랫동안 괴어 있게 되는 물에는 끈기가 생겨나게 됩니다. 만약 벌레가 고여 있는 물 속으로 떨어졌을 때, 보통의 물이라면 벌레는 즉시 헤엄쳐서 달아날 수 있을지도 모릅니다.

그러나 이 벌레잡이주머니에 괴어 있는 물에는 벌레의 몸에 스며들기 쉬운 물질이 녹아 있어서 떨어진 벌레의 몸을 즉시 물 속에 잠기게 하여 빠져 죽게 만듭니다.

또한 물이 괴어 있는 벌레잡이주머니 안쪽에는 소화액을 내고 그 소화된 것을 흡수하는 샘이 흩어져 있습니다.

처음 며칠 동안 물은 강한 산성을 띠며 단백질을 분해

하는 효소도 강하게 작용합니다.

소화액은 어린 주머니에서만 분비되는데, 이 어린 주머니가 묵은 주머니로 변하게 되면 대신 세균에 의해서 분해된 것을 벌레잡이통풀이 가로채어 영양을 보충하기 위해 흡수하게 됩니다.

사라세니아

사라세니아는 미국의 남부와 동부, 캐나다 동남부에서만 자랍니다.

사라세니아의 줄기는 매우 짧습니다. 그 줄기가 땅 속으로 파고 들어가 원통형의 벌레잡이주머니를 땅 위로 내밉니다.

사라세니아 후라바의 벌레잡이주머니는 원통 모양의 주둥이가 넓게 벌어져 드럼의 모양으로 되어 높이가 1미터나 올라갑니다.

벌레잡이주머니 뚜껑에는 꿀이 많이 나오는 꿀샘이 있습니다. 또한 주머니 안쪽 벽에는 거꾸로 난 털이 있고, 바닥에는 물이 괴어 있습니다. 그래서 꿀을 먹으러 가까이 다가온 벌레가 주머니 속으로 들어가면 절대로 다시 나올 수 없게 됩니다.

사라세니아 프시타시나의 잎은 서지 않고 땅 위에 로젯 모양으로 퍼집니다. 뚜껑도 생기지 않고 기는 벌레잡이주머니의 끝이 둥글게 부풀어 굽게 되어 주머니의 주둥이는 더욱 좁혀집니다.

초여름쯤 되면 벌레잡이주머니의 겨드랑이로부터 꽃자루를 세워서 끝에 한 송이의 꽃을 약간 아래쪽으로 향한 채 피게 됩니다.

꽃은 매우 기묘한 모양으로 5장의 꽃잎과 꽃받침을 보이며 여러 개의 수술은 암술에 파묻혀 밖에서는 보이지 않습니다.

그 끝에 5개의 안쪽으로 향한 돌기가 나와 암술머리로 됩니다.

꽃의 꿀을 얻기 위해 날아 들어온 벌레가 앉아서 휴식하기 좋은 구조를 갖추고 있어 꽃가루의 옮김을 하기 쉽게 되어 있습니다.

그러나 꽃 아래에는 함정의 벌레잡이주머니가 주둥이를 벌리고서 먹이가 다가오기를 기다리고 있는 것입니다.

길이가 1미터나 되는 것도 있는 이 사라세니아의 벌레잡이주머니는 더욱 교묘하게 생겼습니다.

주머니 속으로 조금 들어가면 가시는 없고 벌레가 미끄러워지기 쉬운 벽으로 되어 있습니다.

다시 더 깊이 들어가면 길고도 가느다란 가시가 안쪽을 향하여 빽빽하게 나 있습니다. 즉, 벌레가 안쪽 깊이로 들어가는 것은 쉬우나 먹이가 달아나지는 못하게 하도록 반대쪽으로 가시가 나 있는 것입니다.

가장 안쪽에는 가시나 꿀샘이 없고 곳곳에 세포가 늘어서 있어서 그 곳에서 소화액을 내어 먹이를 분해하여 양분을 흡수합니다.

주머니범의귀

주머니범의귀는 오스트레일리아 서남부에서만 나는 신기한 식충 식물입니다.

습지에서 다른 풀에 파묻혀 나 있는 이 식충 식물은 줄기가 매우 짧아서 위쪽으로 주걱 모양의 잎이 나 있습니다. 그리고 그 밑부분에 항아리 모양의 벌레잡이주머니가

로제트 모양으로 펼쳐져 있습니다.

벌레잡이주머니의 주둥이에 가까운 안쪽 벽에는 꿀샘이 흩어져 있습니다.

또한 바닥 가까운 벽에는 소화액을 분비하는 샘이 늘어서 있으며 속에는 항상 일정한 양의 물이 괴어 있어서 미끄러져 떨어진 벌레가 빠져 죽게 됩니다.

벌레잡이주머니의 안쪽 벽으로부터 단백질 분해 효소가 분비됩니다.

꽃은 중심으로부터 높이가 수십센티미터의 꽃줄기를 세워 5밀리미터 정도의 희고 작은 꽃을 피웁니다.

꽃잎은 없으며 6, 7장의 흰색 꽃은 꽃받침이며 12개의 수술을 가집니다.

식충 식물의 분포

식충 식물은 세계 곳곳에서 살고 있습니다.

유명한 파리지옥풀이나 사라세니아는 북아메리카 동해안에, 식충 식물 가운데 가장 큰 벌레잡이통풀인 네펜테

스는 수마트라나 보르네오, 뉴기니아, 필리핀 등의 열대 지방에, 캥거루처럼 주머니가 달린 세파로다스는 오스트레일리아에서 살고 있습니다.

우리나라에도 끈끈이주걱이나 끈끈이귀개, 통발 무리의 식충 식물이 살고 있는데 한정된 장소에만 몰려 살고 있습니다.

사막의 신기한 식물

우리나라에는 사막이 없지만 전세계의 대륙에는 여기저기 사막 지대가 흩어져 있습니다.

아프리카의 사하라 사막, 중동의 아라비아 사막, 인도의 사막, 중국의 고비 사막, 남아메리카의 나미브 사막, 북아메리카의 소노라 사막, 오스트레일리아의 사막 등등.

이러한 세계의 사막을 모두 합친다면 그 면적은 지구 전체 육지 면적의 3분의 1이나 됩니다.

사막은 일 년 내내 비가 거의 내리지 않거나 매우 적은 양의 비가 일시적으로 내리는 곳입니다.

그 때문에 땅은 메마르고, 식물은 거의 자라지 않거나,

자란다고 해도 가뭄에 잘 견디는 특수한 식물만이 가까스로 조금씩 자라고 있습니다.

사막에 사는 식물들은 크게 다음 세 가지로 나눌 수 있습니다.

첫째, 뿌리를 땅 속으로 10미터도 넘게 길게 뻗어서 지하수를 빨아올리는 메스키트, 벨비치아 따위의 식물.

둘째, 비가 전혀 내리지 않는 건조기에는 씨앗의 상태로 지내다가 비가 오면 재빨리 싹을 틔우고 꽃을 피워서 건조기에 대비하여 씨를 만드는 데이지, 사막민들레, 라크스퍼 따위의 한해살이 식물.

셋째, 비가 왔을 때에 줄기나 잎 또는 뿌리에 수분을 저장해 놓고 건조함을 견디는 선인장 따위의 다육 식물.

다육 식물인 선인장 중에 줄기는 가느다란 기둥 모양이면서도 뿌리에 1톤이나 되는 물을 저장하는 종류도 많습니다. 또한 선인장 말고도 사막이나 거친 들판, 높은 산에 사는 식물 가운데에 다육 식물이 많습니다. 이러한 다육 식물은 바닷가에서도 볼 수 있습니다.

이 밖에 습기가 없는 건조기에는 가지와 잎을 둥글게 말아서 마른 풀처럼 되어 바람에 굴러다니다가 비가 오면 둥글게 말았던 가지와 잎을 다시 펴서 뿌리를 내리고 자라는 식물도 있습니다.

또한 사막이나 거친 들에는 우리나라의 산과 들에서도 볼 수 있는 식물도 살고 있습니다.

그러나 그러한 식물들은 모두 건조한 기우에 적응하느라고 줄기나 잎의 생김새를 변형 시켰습니다. 하지만 그 꽃의 특징을 살펴보면 우리나라의 산과 들에서 볼 수 있는 꽃과 같은 종류라는 것을 알 수 있습니다.

초여름에 꽃밭이나 돌담 아래에서 예쁜 꽃을 피우는 우리나라의 채송화도 기후가 건조한 아프리카에서는 공 모양으로 진화하고 있습니다.

이렇듯 식물은 어떤 어려운 환경 속에서도 그곳에서 살기에 알맞게 제 모습을 바꾸어서 살고 있습니다.

선인장

비가 거의 내리지 않는 사막 지대에 살고 있는 식물 중에서 가장 유명한 것은 바로 선인장 종류입니다. 선인장은 그 강한 햇볕이 내리쪼이는 모래땅에서 살아남기 위해 잎이 가시로 변했습니다. 줄기가 잎 구실을 겸하면서 그 줄기 안에 또한 많은 물을 저장할 수 있도록 되어 있습니다.

꽃이나 씨의 구조로 미루어 보아 선인장의 조상은 아주 옛날에 자리공과의 식물에서 갈라진 것이라고 생각됩니

선인장

다.

이 식물들은 옛 조상 때부터 건조한 기후에 잘 견딜 수 있는 특성을 지니고 있었던 것으로 보입니다.

지금도 멕시코나 중남미의 지방에서 조상형 선인장이 큰 나무가 되어서 자라고 있는 것을 볼 수 있습니다.

이 선인장들은 건조에 잘 견디며 가지나 줄기를 잘라서 2~3개월 정도 내버려두어도 말라버리지 않습니다. 또한 이것을 땅에 심으면 뿌리를 내리고 자라기 시작합니다.

이러한 특성 때문에 기후가 매우 건조한 거친 사막에서도 선인장은 그 억센 생명력으로 자손들을 늘리며 살아남을 수 있었습니다.

선인장의 역사

지금으로부터 약 1만 2천 년쯤 전에 북아메리카의 로키 산맥과 남아메리카의 안데스 산맥이 솟아올라서 사막이 생긴 뒤부터 그 환경에 적응하기 위하여 선인장이 기둥 모양이나 공 모양으로 진화하기 시작했다고 합니다.

'진화'란 어떤 환경에 잘 적응할 수 있는 새 종류가 탄생하는 것을 말합니다.

진화에 따른 변화는 식물의 생김새와 꽃과 씨의 생김새에 나타납니다.

선인장은 몸통의 진화와 꽃이나 씨의 진화가 모두 일치하고 있습니다.

오늘날 아메리카 주에 있는 사막에는 선인장이 2,500여 종류나 살고 있습니다. 그들의 몸통 조직이나 꽃과 씨

의 생김새와 분포 상태를 살펴보면 선인장의 진화 과정을 잘 알 수 있습니다.

선인장이 그 건조한 사막에서 살아가려면 물기가 증발하는 줄기의 겉넓이가 좁을수록 좋습니다. 또한 줄기는 수분을 저장하는 일도 하므로 그 부피가 클수록 좋습니다.

진화를 거듭하면서 선인장은 이 두 가지 조건에 맞는 공 같은 모양으로 변화하였습니다. 앞 세대의 식물과는 조금씩 다른 유전자가 만들어짐에 따라 진화가 일어난 것입니다.

씨가 갖고 있는 유전자가 다르면 그 씨에서 자라나는 식물의 생김새나 성질도 달라질 가능성이 있습니다.

그 중에는 새로운 환경에 잘 적응할 수 없어서 말라 죽은 것도 있을지 모릅니다. 그와 반대로 더 잘 적응할 수 있는 생김새나 성질을 지닌 자손이 나타나기도 할 것입니다.

그 전보다 더 건조한 사막에 어떤 종류의 씨가 뿌려졌을 때 이 새로운 생김새와 성질을 지닌 자손은 살아남을 가능성이 많습니다.

이런 과정을 되풀이하면서 진화가 이루어져 왔습니다.

선인장은 물을 자신의 몸에 더 많이 저장하기 위하여 저장하는 줄기를 굵게 하려고 주름을 만듭니다.

선인장의 이 주름은 어린 귤나무에서도 볼 수 있는데, 잎이 달린 부분의 살이 약간 솟아오른 모습이 규칙적으로 이어져서 만들어진 것처럼 보입니다.

선인장의 주름 위에 늘어선 가시 자리도 한 식물의 잎의 배열과 똑같습니다.

선인장의 주름은 줄기를 굵게 할 뿐만 아니라 그늘이 없는 사막에서 강한 햇볕을 막기 위하여 제 줄기에 그늘을 만듭니다. 그래서 수분이 많이 달아나는 것을 막습니다.

이렇게 유용한 선인장의 주름도 나중에는 발아점을 보호하려고 혹 모양으로, 더 나아가서는 골이 더욱 깊은 올록볼록한 모양으로 바뀌어 갑니다.

주름에서 변화된 이 올록볼록한 모양은 줄기를 굵게 하고 몸 안의 물의 양에 따라서 겉넓이를 마음대로 바꿉니다. 또한 제 줄기에 그늘을 만들기에도 더 편리합니다.

선인장은 씨로 번식합니다.

그러나 제 꽃의 꽃가루가 암술에 묻어야만 씨가 맺히게 됩니다.

선인장이 짧은 기간 사이에 진화할 수 있었던 까닭의 하나가 바로 이러한 선인장의 슬기 때문입니다.

즉, 제 꽃가루로는 씨가 맺히기 않는다는 것입니다. 한 식물에서 자손이 생길 때 보다, 두 식물 사이에서 자손이 생기는 것이 여러 가지 생김새와 성질을 나타낼 수 있기 때문입니다.

이것은 환경이 새롭게 바뀌거나 또는 다른 곳에 씨가 뿌려져도 어느 정도는 살아남을 수 있는 확률이 높다는 것을 의미합니다.

선인장은 다른 방법으로도 번식합니다.

예를 들면, 가볍게 가지가 꺾어지는 선인장은 그 가지가 동물에 붙어서 다른 곳으로 옮아가다가 땅에 떨어지게 되면 그곳에 뿌리를 내리고 자랍니다.

이런 종류의 선인장들은 건조기에 제가지를 뿔뿔이 떨어뜨립니다.

이 떨어진 가지들은 비나, 바람, 또는 동물의 몸에 붙어 옮아가게 됩니다.

선인장은 대개가 가지의 싹을 떼어서 땅 위에 그냥 내버려 두어도 거기에서 뿌리가 나와 자라게 됩니다. 또한 굵은 줄기를 여러 개로 잘라도 발아점만 있으면 뿌리와 싹이 돋아나서 새 선인장으로 자라납니다.

이렇듯 선인장은 사막의 거친 모래 바람을 맞아도 또 동물에게 온통 찢기더라도 살아남을 수 있는 강한 생명력이 있습니다. 그래서 거친 사막에서도 자손을 늘리며 살아나갑니다.

금호선인장

선인장은 지금도 계속 큰 것으로부터 작은 것으로 진화하고 있습니다.

안데스 산맥 같은 고산 지방에는 지름이 2센티미터밖에 안 되는 선인장도 있습니다.

선인장의 지혜

비가 적은 사막이나 황야 또는 고산 지대가 고향인 선인장은 보통의 나무나 풀은 살 수 없는 곳에서 살아남기 위해 제 몸을 변형시키는 지혜를 짜냈습니다.

사막은 비가 내리는 기간이 1년에 3~4개월뿐이며 그것도 비의 양이 조금밖에 안 됩니다.

평소에는 빗방울 하나 떨어지지 않는 건조한 날입니다. 땅도, 불어오는 바람도 모두 마를 대로 말라 있습니다.

낮에는 풀무불 속처럼 뜨겁고, 밤이 되면 모든 것이 얼어붙을 정도로 갑자기 추워집니다. 게다가 일 년 내내 거친 모래 폭풍이 세게 불어 댑니다.

이와 같은 최악의 환경 속에서 살아가기 위한 지혜로

몸을 변형시킨 것입니다.

선인장은 잎을 가시로 바꾸었습니다. 잎과 줄기 속의 수분이 밖으로 달아나지 못하게 하기 위해서입니다.

식물의 잎이 하는 가장 중요한 일은 식물이 자라는 데에 필요한 양분을 만들어 내고 운반하는 일입니다.

잎은 뿌리에서 새 수분을 빨아올리려고 기공을 열어서 남아 있는 수분을 증발시킵니다. 또한 그 수분에 녹아 있는 양분을 섭취한 다음 쓸모없어진 수분을 내버립니다.

그러나 건조한 사막에서는 보통의 식물처럼 수분을 함부로 내버린다면 금세 말라 죽게 됩니다. 땅이 건조하고 비가 적기 때문에 빨아올린 물이 전혀 없는 날이 오랫동안 계속되기 때문입니다.

그리하여 선인장은 잎을 적게 변형시키다가 점차 잎을 가시로 바꾸어 수분 증발을 막았습니다.

그렇다면 가장 중요한 기관인 잎을 가시로 변형시킨 선인장은 어디에서 양분을 만들까요?

선인장은 줄기의 겉면에서 필요한 양분을 만들고 있습니다. 엽록소도 기공도 모두 줄기의 겉면에 있습니다.

기공은 양분을 만드는 데에 필요한 이산화탄소를 흡수

합니다.

또한 호흡 작용에 필요한 산소도 기공으로 흡수하며 몸 안의 수분을 밖으로 내보내기도 합니다.

그러나 선인장의 겉면에 있는 기공 수는 매우 적습니다.

다른 식물의 20분의 1에서 5분의 1정도밖에 되지 않으며 겉면에는 수분이 잘 증발하지 못하도록 큐티쿨라층에

싸여 있습니다. 또한 기공은 바람으로 인한 수분 증발을 막기 위해서 겉면에서 움푹 들어가 있습니다.

그래서 증발하는 수분의 양도 매우 적어서 겉면에서 날아가는 수분의 양은 나팔꽃의 1000분의 1에서 5000분의 1밖에 되지 않습니다.

양분을 만드는 광합성 작용도 활발하지 않기 때문에 자라는 속도도 매우 느립니다.

한편 선인장의 가시는 수분 증발을 막는 것 외에도 줄기를 감싸서 강한 모래 바람을 막아 주기도 하며 발을 친 것처럼 햇볕을 막아 주는 일도 합니다. 가시가 없었다면 선인장은 동물들에게 먹혀 멸종되었을지도 모릅니다.

왜냐하면 줄기에 물을 넉넉하게 저장하고 있는 선인장은 물이나 먹이에 굶주려 있는 사막의 동물들에게 좋은 먹이가 될 것이기 때문입니다.

그래서 선인장 가운데에는 새빨갛고 단단한 가시로 동물을 위협하는 종류가 있는가 하면, 겉껍질이 단단하고 두꺼우며 독즙이 나오는 종류도 있으며, 작고 단단한 가시가 겉면을 온통 덮고 있는 것도 있습니다.

또한 기온의 차가 심한 고산 지대의 선인장은 가시를

흰 털이나 수염으로 변형시켰습니다. 부드럽고 폭신폭신한 솜털로 줄기를 감싸서 심한 기온변화로부터 제 몸을 보호하기 위한 지혜입니다.

선인장의 생장

식물이 자라는 부분을 생장점이라고 합니다.

식물은 모두 줄기의 맨 끝에 생장점이 있습니다. 선인장도 줄기 맨 끝의 가운데 부분에 생장점이 있습니다.

식물의 발아점은 줄기나 꽃의 싹이 나는 곳입니다. 대개의 식물은 잎겨드랑이에 발아점이 위치하고 있습니다.

선인장의 그 생긴 모양에 따라 발아점의 위치가 다릅니다.

공 모양이나 기둥 모양의 선인장은 그 발아점이 주름 위의 가시자리 옆에 있습니다. 가시는 곧 식물의 잎이므로 가시자리가 잎겨드랑이가 되며, 그 발아점에서 꽃봉오리나 가지의 싹이 돋아납니다.

그러나 올록볼록 주름을 나누어서 깊게 패인 선인장은

그 발아점이 깊게 패인 안쪽으로 옮겨져 있습니다. 그곳에서 싹이 돋아납니다. 그래서 강한 햇볕이나 거센 모래바람으로부터 생장점을 보호합니다.

선인장이 자라는 방법은 종류에 따라 두 가지로 나누어집니다.

하나는 선인장이 아무리 크게 자라더라도 새 그루의 선인장이 생기지 않는 것입니다.

이것은 주로 공 모양의 선인장에 많은데, 어떤 선인장은 지름이 2미터가 넘어도 새 그루가 돋아나지 않습니다.

이런 종류의 선인장은 해마다 주름의 수를 늘리면서 자라는데 이것은 보통 식물이 가지나 잎을 늘려서 자라는 것과 같은 이치입니다.

또 하나의 선인장은 생장점이 갈라져서 1년에 두 배씩 늘어나거나 발아점에서 새 그루가 나오는 것입니다.

이런 종류는 그루 수가 계속 늘어나며, 수백 그루까지 늘어나는 선인장도 있습니다. 주로 올록볼록하게 생긴 선인장에 많습니다.

선인장의 꽃

선인장이 살고 있는 사막은 사계절의 구분이 없고 짧은 우기와 긴 건조기로 나누어집니다.

이 긴 건조기 동안에 선인장은 짧은 우기 때에 줄기 속에 저장해 둔 수분을 사용해서 꽃 피울 준비를 합니다.

선인장은 대부분 가시나 솜털로 꽃봉오리를 덮어서 강한 햇볕이나 벌레로부터 꽃봉오리를 보호합니다.

꽃이 핀 선인장

그리고 건조기가 끝날 무렵에 꽃을 피워서 열매를 맺고 씨를 떨어뜨립니다.

사막은 선인장이 살고 있는 지역마다 건조기가 각각 다르기 때문에 일 년 내내 여러 종류의 선인장꽃을 볼 수 있습니다.

모든 선인장꽃은 대부분 매우 화려하고 아름다운 빛깔을 가졌습니다.

선인장에는 밤에 꽃이 피는 종류와 낮에 꽃이 피는 종류가 있습니다.

밤에 피는 선인장꽃은 달맞이꽃이나 박꽃처럼 하룻밤 사이에 피고 집니다.

낮에 꽃이 피는 선인장은 강한 햇볕을 받아서 꽃이 피는데 해가 지면 꽃잎이 닫혀 버립니다. 낮에 피는 꽃은 3일에서 7일쯤 피어 있습니다.

선인장의 꽃은 꽃잎이 아랫부분에서 서로 겹쳐져서 통처럼 되어 있습니다.

그래서 꽃받침과 꽃잎을 구별할 수 없습니다. 꽃받침이 점점 커져서 마침내 꽃잎이 됩니다. 꽃 속에는 수술이 가득 나 있습니다. 암술은 하나인데 끝 부분이 여러 갈래로 갈라진 것이 특징입니다.

선인장의 씨

선인장의 꽃이 가루받이가 되면 빠른 선인장 종류는 1주일쯤 걸리고, 늦은 종류는 1년쯤 걸려서 열매가 맺힙니다. 그 모든 열매 속에는 씨가 많이 들어 있습니다.

대부분의 선인장 열매는 달콤한 과일살과 과즙으로 되어 있습니다. 사막이 있는 외국에서는 선인장의 이러한 열매를 과일 가게에서 팝니다. 사람들은 이 선인장 열매를 그대로 먹기도 하고 과자 재료로 사용하기도 합니다.

사막에서 새들은 이 선인장 열매를 먹고 그 씨를 여기저기에 흩뿌려 선인장의 번식을 돕습니다.

선인장 열매 가운데에는 달콤한 살이 없이 씨만 잔뜩 들어 있는 종류도 있습니다. 사막과 같이 거친 환경 속에서는 씨 하나라도 더 살아남아야만 하므로 씨가 많이 필요한 때문입니다.

사막은 우기라고 해서 반드시 비가 오는 것은 아닙니

다. 10년이 지나도 비가 내리지 않을 때도 있습니다.

또 어느 때는 단 1시간 사이에 1년치의 비가 내릴 때도 있습니다.

그래도 선인장은 해마다 씨를 떨어뜨리면서 싹틀 때를 기다리고 있습니다.

선인장의 신비한 생명력은 씨 속에도 숨어 있습니다. 그러다가 한꺼번에 20밀리미터가 넘는 비가 오면 선인장들은 모두 다 싹이 틉니다.

선인장도 다른 식물과 같이 쌍떡잎식물입니다. 그래서 선인장이 싹틀 때에도 떡잎이 나옵니다.

그러나 보통의 쌍떡잎식물과 다른 점은 떡잎이 두껍고 본잎이 가시로 변해 있는 것입니다. 그리고 줄기도 매우 굵다는 점도 다릅니다.

매우 건조한 사막에서 살고 있는 올록볼록한 모양의 선인장은 싹틀 때부터 줄기가 공 모양이 되고 떡잎도 보이지 않을 만큼 작습니다.

이처럼 선인장은 싹틀 때부터 건조한 환경에 견딜 수 있는 구조로 만들어 지기 때문에 싹을 틔워 한 달만 지내면 1년쯤 비가 오지 않더라도 잘 살아 나가게 됩니다.

스스로 움직이는 식물 이야기

동물은 살아가기 위해서 자신의 먹이를 찾아 돌아다닙니다. 또한 적에게 습격을 당하거나 위험한 처지에 빠지게 되면 재빨리 도망을 쳐서 자신의 몸을 보호합니다.

하지만 반대로 식물은 뿌리 내린 곳에 그대로 머물며 움직여 다니지 못합니다. 운동도 전혀 하지 않는 것처럼 보입니다.

그러나 자세히 살펴보면 식물도 여러 가지 운동을 하고 있는 것을 알 수 있습니다.

식물은 호흡 작용, 흡수 작용, 받침 작용의 세 가지 작용과 함께 꽃과 뿌리의 운동, 줄기와 열매의 운동 그 밖에도 여러 운동을 합니다.

식물의 운동은 크게 네 가지로 나누어 볼 수 있습니다.

첫째, 생장 운동입니다.

이 운동은 식물의 몸을 이루고 있는 세포가 늘어나거나 자라기 때문에 생기는 운동입니다.

이 운동은 해바라기가 줄기는 빛 쪽을 향해서 뻗고 뿌리는 반대 방향으로 뻗는 운동, 수세미의 덩굴손이 물체에 닿으면 휘감는 운동, 식충 식물인 끈끈이주걱의 감각털이 먹이가 닿으면 그 쪽으로 구부러지는 운동, 햇볕이 밝아지면 민들레의 꽃잎이 열리는 운동, 기온이 올라가면 꽃잎이 벌어지는 튤립의 운동 등이 해당됩니다.

생장 운동은 사람의 눈에는 보이지 않을 만큼 천천히 움직이는 것이 특징입니다.

둘째, 팽압 운동입니다.

이것은 세포 속의 액체가 늘기도 하고 줄기도 하여 생기는 운동입니다.

미모사의 잎을 만지거나 뜨거운 것을 가까이 대면 엽침이 있는 곳의 세포에서 액체가 이동하여 잎이 닫히고 잎자루가 늘어지는 것이나, 식충 식물인 파리시옥풀이 감각

털에 2번 먹이가 닿으면 재빨리 잎이 닫히는 것들이 해당됩니다. 이 운동은 매우 빨라서 직접 눈으로도 볼 수 있습니다.

셋째, 기계 운동입니다.

이것은 시든 식물의 껍질이 메말라 갈 때 겉과 안이 오그라드는 차이 때문에 생기는 운동입니다.

또한 살아 있는 식물들도 껍질이 비뚤어지거나 열매 속의 압력이 높아지면 씨를 뿜어 내기도 합니다.

물봉선의 씨가 다 익으면 열매 껍질이 일그러져 터져서 씨가 날아가는 운동, 이질풀이 열매 껍질이 마르면 터져서 씨가 날아가는 운동, 고사리과의 홀씨주머니와 쇠뜨기의 홀씨 등이 모두 이 운동을 합니다.

이런 운동은 기계의 움직임과 닮았으며 미처 눈에 보이지 않을 만큼 빠른 속도로 움직이는 것도 있습니다.

넷째, 자유 운동입니다.

이것은 물고기가 물에서 헤엄치듯이 자유롭게 움직여 다니는 운동입니다. 연두벌레나 양치류의 정자처럼 현미경으로 관찰해야 보이는 작은 무리에서 이 운동을 볼 수 있습니다.

이제 다음의 운동 하는 식물들을 하나씩 살펴보면서 그 식물의 운동에 대해서 알아봅시다.

마취된 미모사

'움직이는 식물'로 알려진 미모사는 잎을 손가락 끝으로 살짝 건드리기만 해도 잔잎들이 순식간에 닫힙니다.

다시 한 번 조금 더 세게 건드리면 이번에는 잎이 모두 닫히고 잎자루와 줄기가 이어진 부분이 갑자기 축 늘어집니다.

열대 지방의 식물인 미모사는 뜨거운 것이 가까이 가도 잎이 움직입니다.

뜨거운 것을 점차 가까이 대면 잎은 열이 닿은 부분부

터 차례로 잎자루가 이어진 부분 쪽으로 닫혀 갑니다.

미모사의 잎이 이어진 부분까지 모두 닫히고 나면 그 다음에는 다른 잎의 이어진 부분에서부터 잎의 끝부분 쪽으로 잎이 닫혀 갑니다.

그리고 잎이 모두 닫히게 되면 잎자루와 줄기가 서로 이어진 부분이 아래로 늘어집니다.

이러한 과정을 보고 있으면 마치 운동을 일으키는 어떤 힘이 잎에서 잎으로 또는 잎에서 줄기로 흐르고 있는 것처럼 보입니다.

미모사의 잎은 본잎의 싹이 틀 때부터 움직입니다. 그러나 떡잎만은 움직이지 않습니다.

미모사의 본잎은 잔잎이 하나하나 모여서 이루어진 새의 깃털 모양입니다.

이런 잎을 깃꼴잎이라고 하는데, 이 깃꼴잎이 4개 모여서 잎 한 장이 됩니다.

이러한 잎과 잎자루와 줄기가 서로 이어진 부분에 엽침이라는 부푼 곳이 있는데, 미모사의 운동은 바로 이 엽침의 움직임으로 일어납니다.

미모사의 주엽침 하나를 세로로 잘라 보면 한 가운데에

물관이 있고, 그 물관의 위와 아래에 액체를 머금은 운동 세포가 줄지어 있는 것을 알 수 있습니다.

이때 손가락으로 잎을 만지면 운동 세포 속의 액체가 흘러나옵니다. 이 액체는 물관 밑의 세포에서 나오는 양보다 훨씬 많습니다.

그래서 밑에 있는 세포가 잔뜩 오므라들어 잎자루가 밑을 향해 구부러지는 것입니다. 흘러나온 액체가 운동 세포 속으로 돌아가게 되면 잎자루는 다시 일어납니다.

미모사

또한 미모사는 낮에 활발하게 활동하던 동물이 밤이 되면 잠들 듯이, 잎이 모두 닫히게 됩니다.

저녁이 되어 비치던 햇빛이 약해지면 잔잎과 깃꼴잎이 모두 닫힙니다. 낮에도 어두운 곳에서는 잎이 닫히는 것을 볼 수 있습니다.

신기한 것은 사람이나 동물을 수술할 때 마취를 시키면 마취되듯 미모사도 마취가 되는 일입니다.

에테르를 적신 탈지면과 함께 미모사를 비커로 덮어 놓고 20분쯤 지난 뒤에 미모사를 꺼내 보면 마취되어 있는 것을 알 수 있습니다.

마취된 미모사는 아무리 건드려도 움직이지 않습니다. 그러나 마취에서 깨어나면 다시금 움직입니다.

해를 향해 도는 해바라기

해바라기꽃이 해가 있는 쪽을 바라보고 핀다는 것은 사실이 아닙니다.

그러나 금방 싹이 튼 해바라기와 어린 해바라기 모종은

줄기 끝이 해를 바라보고 있습니다.

그 까닭은 잎이 조금이라도 햇빛을 더 많이 받을 수 있도록 줄기의 끝이 계속 햇빛을 따라 천천히 움직이기 때문입니다.

아침에 해가 동쪽에서 뜨면 해바라기 모종의 줄기와 잎은 동쪽으로 돌아갑니다.

정오가 되어 해가 위에서 내리쬐면 모종은 위쪽으로 똑바로 향해 있습니다.

그리고 오후에 해가 서쪽으로 기울어지면 해바라기 모종도 따라서 아침과는 반대 방향인 서쪽으로 기울어집니다.

그러면 해바라기 모종은 어떻게 빛이 있는 쪽을 따라서 돌아갈까요?

그것은 햇빛이 옆으로 비치면 빛이 오는 반대쪽의 줄기가 더 빨리 자라기 때문입니다. 그래서 줄기는 빛이 오는 쪽으로 굽어지는 것입니다. 그러나 뿌리는 빛과 반대쪽으로 구부러집니다. 왜냐하면 뿌리는 빛이 닿는 쪽이 빨리 자라기 때문입니다.

해바라기 말고도 무의 모종이 햇빛을 따라 움직입니다.

▲ 햇빛을 잘 받으면 씨가 많이 영근다.

◀ 햇빛이 비치는 쪽으로 굽어지는 해바라기

싹의 끝에는 생장 호르몬을 만드는 곳이 있습니다. 그곳에서 만들어진 호르몬이 생장부로 이동하여 활동하면 줄기가 자라는 것입니다.

그래서 싹의 끝부분을 잘라 내면 줄기가 자라지 않습니다. 그러나 잘라낸 끝부분을 잘린 부분에 올려놓으면 줄기가 다시 자라게 됩니다.

또한 자른 끝부분을 잘린 줄기의 한쪽으로만 올려놓으면 올려놓는 쪽이 자라서 줄기가 구부러지게 됩니다.

휘감을 것을 찾는 나팔꽃

나팔꽃은 덩굴 식물입니다. 그래서 가늘고 긴 줄기만으로는 몸을 지탱할 수 없습니다.

나팔꽃은 그 대신에 줄기가 다른 물체를 휘감는 성질이 있어서 그 휘감은 물체를 받침대로 하여 자라납니다.

오른쪽으로 감아 올라가는 것과 왼쪽으로 올라가는 것이 있는데, 끝쪽이 구부러지며 원을 그리는 것과 같은 운동을 합니다. 이것을 회전 운동이라고 부릅니다.

덩굴은 마치 목을 흔들 듯이 하며 왼쪽으로 빙빙 돌아갑니다. 물체를 한 바퀴 도는 데에 1시간쯤 걸리게 됩니다.

나팔꽃의 덩굴은 천천히 목을 흔들며 돌아가다가 어떤 물체에 닿게 되면 재빨리 그것을 휘감아 버립니다.

막대기 따위를 한 번 휘감고 나면 막대기를 중심으로 위에서 보아 시계바늘과 반대 방향인 왼쪽으로 나선을 그리면서 위를 향해 뻗어 갑니다.

이 덩굴이 감아 올라가는 운동은 줄기가 막대기에 닿으

면 닿은 반대쪽이 더 많이 자라는 휘감기 운동과 줄기가 위로 뻗으려는 운동이 합쳐져 이루어진 것입니다.

덩굴에는 고운 털이 아래 방향으로 많이 나 있습니다. 이 털들은 덩굴이 막대기에서 미끄러져 떨어지지 않도록 도와주고 있습니다.

그러나 나팔꽃 덩굴은 똑바로 서 있는 막대기는 휘감지만 비스듬히 서 있는 기울어진 막대기는 감지 않습니다.

수세미의 덩굴손

수세미도 나팔꽃과 같은 덩굴 식물입니다. 수세미의 잎이 줄기와 이어진 곳에서 긴 덩굴손이 뻗어 나와 있습니다.

수세미의 덩굴손은 줄기가 변한 것입니다. 그 덩굴손으로 물체를 잡고 서 있게 됩니다.

덩굴손은 계속 회전 운동을 하면서 휘감을 것을 찾습니다.

수세미의 덩굴손이 동그랗게 감기는 운동을 할 때에 그

끝부분이 막대기에 닿으면 갑자기 막대기를 휘감아 버립니다. 보통 2번쯤 휘감습니다.

휘감기가 끝나서 2~3시간쯤 지나면 덩굴손이 스스로 꼬여서 용수철이 만들어지기 시작합니다.

약 20시간쯤 지나게 되면 용수철이 다 만들어져서 막대

기 쪽으로 줄기가 끌어당겨져서 수세미 줄기가 막대기에 단단히 매인 것처럼 됩니다

이 수세미의 용수철은 수세미 줄기를 막대기에 묶어 줄 뿐만이 아니라 센 바람으로부터 수세미를 보호해 줍니다.

태풍과 같은 센 바람이 불어와도 용수철이 늘어나고 줄어들면서 잎에 닿는 바람의 힘을 약하게 해 주는 것입니다.

꽃의 여러 가지 운동

다 자란 식물들은 다음 세대로 생명을 이어 가기 위해 꽃을 피우고 씨앗을 만듭니다.

이러한 꽃을 피우고 씨앗을 만드는 데에도 다음과 같이 여러 가지 운동이 필요합니다.

달맞이꽃의 꽃봉오리는 저녁때가 되면 피어나기 시작합니다. 꽃잎이 움직이기 시작하면 잠깐 사이에 꽃이 활짝 피게 됩니다.

저녁에 하얀색으로 피어난 달맞이꽃은 아침이 되면 분

홍색 꽃이 되면서 오므라듭니다. 꽃잎이 열리는 운동은 온도의 변화에 따라 열리고 닫히는 것과 빛의 밝기에 따라 열리고 닫히는 것으로 나누어집니다.

낮에는 열리고 밤에는 닫히는 튤립꽃은 온도의 변화에 따라 운동합니다.

또, 민들레의 꽃잎도 낮에는 열리고 밤이 되면 오므라들지만 이것은 빛의 밝기의 변화에 따른 것입니다.

피어 있는 민들레의 꽃을 어둡게 해 주면 낮에도 꽃잎이 오므라드는 것을 알 수 있습니다. 또한 비가 내리거나 잔뜩 흐린 날에도 꽃잎은 오므라든 채로 있는 것을 볼 수 있습니다.

이렇듯 빛의 밝기와 기온의 변화가 식물이 꽃피는 것과 관계를 가지고 있습니다.

그러나 꽃이 피는 시각은 식물의 종류에 따라 다릅니다.

나팔꽃은 오전 4시쯤에 핍니다. 민들레는 오전 7시쯤에 피고 채송화는 12시쯤에 핍니다.

이렇게 식물은 정해진 때에 꽃을 피우고 가루받이를 끝냅니다.

이때에 가루받이를 도와주는 것이 곤충입니다. 밤에 꽃이 피는 것이 있듯이 곤충에도 낮에 활동하는 것과 밤에 활동하는 것이 있기 때문입니다.

꽃이 피면 나비나 벌 등의 곤충들이 꽃에 있는 꿀을 빨거나 꽃가루를 모으려고 꽃으로 모여듭니다. 곤충들이 꿀을 먹는 이때에 수술의 꽃가루는 곤충의 몸에 묻게 됩니다.

곤충이 몸에 꽃가루를 묻힌 채 같은 종류의 다른 꽃으로 가면 꽃가루가 그 꽃의 암술에 묻습니다. 이렇게 해서 식물은 곤충의 도움으로 가루받이를 하게 됩니다.

이렇게 꽃은 꿀과 꽃가루를 곤충에게 주고 곤충은 대신 꽃의 가루받이를 도와 서로 도와 가며 삽니다.

그런데 꽃 중에는 수술과 암술이 스스로 움직여서 꽃가루가 곤충에 묻기 쉽도록 해 주는 식물이 있습니다.

그 가운데에 하나가 채송화입니다.

채송화꽃을 잘 살펴보면 꿀벌이 날아와서 몸이 수술에 닿을 때마다 수술이 조금씩 움직이는 것을 알 수 있습니다.

그래서 수술의 꽃가루가 꿀벌에 묻기 쉽게 기울어십니

다. 수술은 왼쪽, 오른쪽, 어느 방향으로도 움직일 수 있으며 몇 분 뒤에는 본래의 자리로 돌아가게 됩니다.

더욱 교묘하게 운동하는 식물도 있습니다.

양골담초꽃은 처음에는 수술과 암술이 꽃잎 속에 숨어 있어서 보이지 않습니다. 그러나 막상 곤충이 꽃잎 위에 앉으면 안으로부터 수술과 암술이 튀어나옵니다.

이때에 수술의 꽃가루가 곤충에 묻게 되고 곤충에 묻은

달맞이꽃

채송화

나팔꽃

튤립꽃

꽃가루가 암술에 묻어서 가루받이가 이루어집니다.

곤충의 도움을 받지 않고 스스로 가루받이를 하는 식물

도 있습니다.

저녁때부터 피기 시작하여 밤새도록 피는 분꽃은 처음에는 곤충이 찾아오기를 기다립니다.

그러나 밤중에는 활동하는 곤충들이 적기 때문에 가루받이할 기회가 극히 드뭅니다.

그래서 분꽃은 마침내 수술과 암술이 서로 움직여 엉켜서 스스로 가루받이를 하게 됩니다.

식물의 겨우살이 비밀

사계절이 있는 곳의 동물들은 겨울이 오기 전에 털갈이를 하거나 온몸에 더욱 촘촘하고 부드러운 털을 내서 겨울 추위를 견딥니다.

동굴이나 땅 속에서 겨울잠을 자는 동물도 있습니다.

인간들은 두꺼운 겨울 옷을 입고 따뜻하게 불을 피워 겨울 추위를 막습니다. 모두들 나름대로 지혜를 내어 겨울 추위를 견디어 냅니다.

그러면 여기저기로 움직일 수 가 없는 식물들은 어떤 지혜를 내어 겨울 추위를 견딜까요?

겨울은 식물이 생활하는 데에 가장 나쁜 조건이라고

할 수 있습니다.

식물에게 꼭 필요한 수분을 흡수하는 면에서 우선 불리합니다. 뿌리로부터 흡수하기에는 땅이 얼고 건조해 지며 우량도 적고 기온이 낮아지기 때문입니다.

또한 식물체의 온도가 내려가기 때문에 여러 가지 생리 작용이 아주 느리거나 거의 멈추어 버리게 됩니다.

이럴 때에 1년생 식물, 즉 한해살이 식물은 씨앗의 상태로 겨울을 넘길 수 있습니다. 씨앗은 추위로부터 안전한 구조로 되어 있기 때문입니다.

그러나 2년생 식물이나, 다년생 식물, 그리고 나무들은 겨울 추위에 적응하는 방법을 짜내어 살아갑니다.

시금치, 민들레, 밀, 보리, 큰달맞이꽃 등은 2년생 식물입니다.

이 식물들은 루젯 식으로 땅에 잎을 착 붙여서 기공을 바람으로부터 보호하여 이듬해 봄에 다시 줄기가 자라서 꽃이 피고 열매를 맺습니다.

다년생 식물의 겨울나기는 식물의 종류에 따라 여러 가지가 있습니다.

소리쟁이, 괭이밥 등은 잎을 땅바닥에 바짝 붙인 채 겨울을 지냅니다.

제비꽃, 왜용담 등은 땅 표면 바로 아래의 땅 속 줄기나 뿌리에 눈을 보호하여 겨울을 넘깁니다.

다년생 식물의 나무들은 땅 위에 있는 줄기가 말라 죽지 않고 겨울을 지냅니다.

가을에 잎이 떨어지는 은행나무, 참나무 같은 낙엽수는 대신 겨울눈이 생겨 이것으로 겨울을 지내고, 이듬해

봄이 되면 다시 싹이 터서 잎과 꽃을 만듭니다.

한편, 겨울눈은 특별히 솜털이나 비늘 등으로 감싸여 추위로부터 보호를 받습니다.

낙엽수가 낙엽을 떨어뜨리는 것은 겨울이 되면 필요한 수분이나 양분을 흡수하기가 어려워지기 때문입니다.

필요한 양 이외의 수분과 양분을 쓰지 않도록 하기 위해 스스로 잎을 모두 떨어뜨리고 벌거숭이가 되는 것입니다.

낙엽수들은 가을이 되면 잎자루가 붙은 곳에 떨켜가 만들어지고, 거기에 콜크층이 생겨서 잎이 떨어진 부분을 뚜껑처럼 싸서 보호합니다. 이렇게 해서 몸에 당분과 지방을 많이 저장하여 추위를 견디어 냅니다.

겨울 동안 벌거숭이로 지내게 되는 낙엽수는 가지에 겨울눈을 갖고 있다가 다음 해 봄에 새 잎을 냅니다. 나무들은 이 소중한 겨울눈을 특별히 보호합니다.

느티나무, 참나무, 단풍나무, 철쭉 등의 겨울눈은 비늘 모양으로 된 여러 장의 잎 조각으로 싸여 보호됩니다.

떡갈호박 등은 2~3장의 비늘 잎이 붙어서 마치 털모자처럼 겨울눈을 싸고 보호합니다.

플라타너스, 까치수염꽃나무 등의 겨울눈은 묵은 잎자루 밑에 숨어서 겨울 추위를 견디고, 목련, 갯버들의 겨울눈은 털이 많이 난 비늘잎으로 싸여져 추운 겨울을 지냅니다.

칠엽수의 겨울눈은 비늘잎의 위쪽이 진으로 덮여 있어서 추위를 이겨 내며, 벽오동, 작살나무 같이 비늘잎의 보호 없이 겨울을 나는 겨울눈은 둘레에 잔털이 나 있어서 추위로부터 보호됩니다.

겨울에도 잎이 떨어지지 않고 푸르게 붙어 있는 상록수는 넓은 잎의 상록수와 바늘 같은 잎을 가진 상록수로 나누어집니다.

소나무, 잣나무 같은 잎이 좁고 바늘처럼 생긴 상록수는 추위에 잘 견딜 수 있을 뿐만 아니라 수분을 적게 받아들여도 되고, 잎이 받게 되는 추위도 잎이 넓은 나무보다 적습니다.

사철나무 같이 추위를 잘 견디는 잎 넓은 상록수는 비교적 따뜻한 중부나 남부 지방에 분포되어 있습니다. 그러나 아주 추운 곳에는 잎 넓은 상록수는 없습니다. 겨울철 추위가 심한 곳이더라도 바닷가 근처에는 잎 넓은 활엽수가 있는 곳이 있는데 이것은 바다의 영향을 받아서 다른 내륙 지방보다 춥지 않기 때문입니다.

이렇듯 식물들도 나름대로 겨울을 지내는 지혜를 갖고 있습니다.

꽃씨의 여행

꽃들은 인류가 지구상에 태어나기 훨씬 전부터 그 짙은 향기와, 화려한 색깔, 그리고 우아한 모습을 가꾸어왔습니다.

꽃들이 진화하여 아름다운 향기와 꿀을 만들어 내게 된 것은 자손을 번식시키기 위한 가루받이 때문에 곤충을 끌어들이기 위해서였습니다.

만약 나비가 색맹이었고 벌이 냄새에 민감하지 못했었다면 꽃의 향기와 꿀, 그리고 아름다운 색깔은 생기지 않았을지도 모릅니다.

꿀은 꽃에 있어서 매우 요긴한 구실을 합니다. 곤충이

꿀을 먹기 위해 꽃 속에 들어가면 곤충의 몸에 온통 꽃가루가 묻게 됩니다. 그러면 이 곤충들은 다른 꽃으로 옮겨 가서 저도 모르게 꽃들의 가루받이를 해 주게 됩니다.

이와 같이 꿀과 향기는 곤충들이 꽃가루를 운반하도록 꾀는 꽃들의 지혜입니다. 꽃의 대부분이 곤충들이 꽃가루를 옮겨 주어야만 종족을 번식시켜 갈 수 있기 때문입니다.

꽃이 피는 계절 동안 꽃들은 꿀과 향기, 아름다운 색깔로 곤충들을 유혹해서 그 곤충이 자기 꽃에 머물면서 꽃가루를 묻혀 운반시켜 주도록 했습니다.

꿀을 만들어 내는 식물들은 이 달콤한 미끼로 벌, 나비, 파리 등의 수많은 곤충들이 꽃가루를 운반하도록 했습니다.

특이한 냄새를 내는 꽃도 있습니다. 어떤 꽃은 파리를 유혹하기 위해 고기 썩는 냄새를 풍기기도 합니다.

꽃들은 이러한 꽃가루나 꿀을 곤충들이 쉽게 알아볼 수 있도록 그 색채가 점점 화려하게 발달되었습니다. 그래서 당당히 먼 거리에서도 쉽게 알아볼 수 있게 되었습니다.

이렇게 해서 꽃은 씨앗을 맺게 됩니다. 그러나 식물은 동물과는 달리 이곳저곳으로 마음대로 이동할 수 가 없습니다. 그래서 식물은 그 자손인 씨앗이 멀리 까지 퍼질 수 있도록 하는 어떤 방법이 필요하게 되었습니다.

우선 식물은 자손을 더 많이, 더 멀리로 퍼뜨리는 방법의 하나로써 될 수 있는 대로 수많은 씨앗을 맺으려 합니다. 그래야 어느 하나의 씨라도 살아남을 가능성이 많아지기 때문입니다.

식물들이 씨앗을 널리 퍼뜨리는 방법은 다양합니다.

민들레와 같은 식물은 씨앗을 깃털에 매달아 바람을 따라 멀리까지 날아갈 수 있도록 했습니다.

봉숭아는 씨앗 꼬투리가 익어 터질 때 용수철이 튀듯이 크게 비틀어지게 함으로써 씨가 멀리까지 튀어나가도록 했습니다. 또 단풍나무는 씨에 날개를 달아 바람에 잘 날려가도록 했습니다.

한편, 어떤 식물의 씨앗은 사람의 옷이나 동물의 털에 달라붙어 멀리까지 퍼질 수 있도록 했습니다.

사과, 복숭아, 감, 수박, 배 등의 식물은 씨를 과실 속에 만드는 방법을 택했습니다.

동물들이 이 맛있는 과실을 따 먹음으로써 자연히 그 씨앗이 멀리 퍼질 수 있기 때문입니다.

그러면 왜 대부분의 과일들은 익으면 빨간색으로 물이 드는 것일까요? 그리고 그 빨간색은 어디에서 나온 빛깔일까요?

물론 과일이라고 해서 모두 빨갛게 익는 것은 아닙니다. 포도는 진한 보라색으로 익고, 오렌지 등은 노란색으로 익습니다.

그러나 과일의 색깔이 대부분 붉게 변하는 것은 우선 붉은색은 눈에 잘 띄는 색이기 때문입니다. 그래서 지나가던 동물의 눈에 쉽게 띄게 됩니다. 또한 붉은색은 그 자체가 아주 맛이 있어 보이는 색입니다.

예를 들어 사과를 봅시다. 어린 사과는 초록색입니다. 어린 사과일 때 따 먹어 보면 단맛과 향기가 없을뿐더러 껍질에서 매우 떫은 맛이 납니다.

이렇게 껍질이 녹색이고 맛이 없으며 떫은 맛이 나는 것은 아직 씨가 완전히 익지 않았다는 표시이고 증거입니다.

만일 씨가 다 여물지도 않았는데 사과가 맛이 좋다면 큰일입니다. 왜냐하면 씨가 익기도 전에 동물들이 모두 따 먹어 버릴 것이기 때문입니다.

풋사과나 풋감 등에서 볼 수 있는 떫은 맛은 그 속에 '타닌' 이라고 부르는 물질이 들어 있기 때문입니다.

이 타닌은 단백질을 응고시키는 성질이 있어서 입에 들어가면 혓바닥이나 입 안의 단백질과 결합하여 입 안이 조여드는 텁텁한 기분을 느끼게 합니다. 타닌 맛은 동물

들이 모두 싫어합니다.

이렇듯 풋과일은 거의가 신맛이 나고 또 향기가 없습니다.

그러나 씨앗이 차츰 익어 가면 과실의 신맛은 단맛으로 변해가고 떫은 맛도 사라지며 향기로운 냄새가 나게 됩니다.

그 동안 과실 속에서는 복잡한 화학 반응이 일어난 것입니다.

특히, 풋사과의 신맛은 차츰 사과의 향기가 되는 '에스텔' 이라는 화학 물질로 변하게 됩니다.

그러면 사과의 초록색은 어떻게 붉은색으로 변하는 것일까요? 또 사과 중에는 익어도 초록색이거나 노란색인 품종도 있는데 그것은 어떻게 된 것일까요?

사과의 여러 품종 가운데에는 완전히 성숙해도 여전히 초록색이거나 황색인 품종이 있습니다. 그러나 이들 품종의 빛깔은 자연적인 색깔이 아닙니다. 즉, 사람들이 연구하여 개량해 낸 개량종입니다.

식물은 흰색에서부터 짙은 보라색까지 온갖 종류의 색소를 가지고 있습니다.

식물의 화려하고 다양한 색깔은 주로 꽃과 열매에서 나타나는데 꽃의 아름다운 색은 꽃가루를 옮겨줄 곤충을 유혹하는 데 필요하기 때문입니다. 또한 과일의 붉은색이나 노란색, 푸른색은 그것을 먹어줄 동물을 유혹하는 색깔인 것입니다.

대부분의 식물이 초록색인 것은 식물의 세포 속에 엽록소가 가득 들어 있기 때문입니다. 엽록소는 아주 작은 알갱이로서 식물이 탄소 동화 작용을 하는 중요한 요소입니다. 식물의 잎이나 과일의 줄기가 녹색인 것은 모두 이 엽록소가 있기 때문입니다.

그런데 식물의 세포 속에는 이 엽록소 외에 '카로티노이드'와 '안토시아닌'이라고 부르는 2가지 종류의 색소가 생겨나게 됩니다.

물론 식물의 종류, 계절 그리고 잎이나 뿌리, 꽃, 과일 등의 그 부분에 따라서 이들 색소는 여러 가지로 나타납니다.

아무리 잘 익었어도 황색인 사과는 '카로티노이드'라는 색소 때문입니다.

이 색소는 원래부터 과일 껍질의 세포 속에 있었지만

그 동안 과일 껍질의 진한 초록색 때문에 가려져 보이지 않았던 것입니다.

가을에 서리가 내리고 나면 녹색이던 잎들이 모두 노란색으로 변하는 것을 볼 수 있습니다. 이것 역시 그동안 초록색 밑에 감추어져 있던 카로티노이드의 노란색이 나타난 때문입니다. 즉, 가을이 되어 엽록소가 파괴되면서 녹색이 없어졌기 때문에 노란색이 우리 눈에 보이는 것입니다.

가을이 되어 붉은색으로 물드는 단풍나무, 옻나무, 담쟁이 등의 색깔도 모두 안토시아닌 때문입니다. 그런데 낙엽 중에는 노란색도 아니고 붉은색도 아닌 갈색의 단풍이 있습니다. 이것은 카로티노이드나 안토시아닌과 같은 색소 때문이 아니고 단지 엽록소가 파괴되어 녹색이 사라지고 마르기 때문에 나타나는 자연적인 색깔입니다.

우리가 위에서 살펴본 것처럼 꽃들의 향기와 꿀, 화려한 색깔과 또한 과일들의 향기와 훌륭한 맛에는 식물들이 자손을 번식시키기 위한 아름다운 비밀이 숨겨져 있습니다.

신비한 곤충의 세계

지구를 지배하는 곤충

이 지구 위에 살고 있는 동물 중에서 가장 종류 수가 많은 동물은 과연 무엇일까요?

그것은 바로 곤충입니다.

이 세계에 얼마나 많은 수의 곤충이 있는가를 계산한다는 것은 거의 불가능한 일이지만, 현재까지 알려진 곤충의 종류는 약 80만 종으로 나타났습니다. 이것은 곤충을 제외시킨 다른 모든 동물의 종류를 합한 것보다 3배나 많은 숫자입니다.

그러나 지금까지 알려지지 않은 곤충의 종류는 더 많이 있을 것으로 추측됩니다.

어느 과학자는 이 지구 위에는 10억의 10억 배쯤에 달하는 곤충이 있을 것이라고 주장하며, 어느 과학자는 인류 수의 1백만 배가 되는 곤충이 있으며 그 무게를 모두 합치면 인류전체 무게의 약 12배가 된다고 주장합니다.

아무튼 이 지구 위에는 수도 없이 많은 곤충이 있습니다. 곤충들은 숲은 물론이고 사막에서도 우글거립니다. 또한 물 속에서도 헤엄을 치며, 칠흑처럼 어두운 깊숙한 동굴 속에서도 기어다닙니다.

곤충들은 히말라야의 설원 위를 날아다니며, 영원히 녹지 않는 남극의 만년빙 위에도 놀랄 만큼 많은 수가 살고 있습니다. 어떤 파리는 땅에서 솟구치는 원유 웅덩이에서 헤엄치며, 또 다른 파리는 지하에서 솟아나는 뜨거운 화산천 속에서 삽니다.

또한 동물의 살갗을 뚫고 들어가 거처를 삼기도 하며, 두꺼운 나뭇잎 속으로 꾸불꾸불하고 긴 굴을 파고 들어가 집을 삼기도 합니다.

이렇듯 곤충의 서식처는 지구 위의 모든 곳으로 확대되어 있습니다. 그 종류나, 마리 수, 적응력, 분포 상태 등에 있어서 곤충이야말로 지구를 지배하고 있다고 해도 과언이 아닙니다.

곤충들은 이미 척추동물이 지구상에 나타나기 이전에 출현했으나 지금도 지구 위의 모든 생물들을 괴롭히고 있습니다. 그것은 인간에게도 마찬가지입니다.

인간의 식량을 빼앗을 뿐만 아니라 피를 빨며, 피부 속에 파고들어 각종 무서운 질병을 감염시킵니다.

아무리 농약을 뿌리고, 파리약을 뿌리고 기생충약을 먹어 왔어도 단 한 종류도 멸종되지 않고 있습니다.

그렇다고 곤충 모두가 해충은 아닙니다. 벌과 나비, 나방 등이 없었다면 식물들은 꽃가루받이가 되지 않아 자손을 번식시키지 못하고 사라져 버렸을 것입니다. 곤충들이 꽃 속에 들어가 꿀과 꽃가루를 먹을 때 자연스럽게 이루어지게 되는 이러한 식물들의 꽃가루받이야말로 식물들에게 뿐만 아니라 인간에게도 가장 유익하게 작용한 곤충들의 업적입니다.

그 밖에도 여러 동물에게 도움을 주는 이로운 곤충도 많이 있습니다.

그러면 지구 위에 이렇게 많은 곤충이 번식하게 된 이유는 무엇일까요?

곤충이 널리 분포하여 번성하게 된 데는 몇 가지 중요한 이유가 있습니다.

첫째, 곤충의 부드럽고 단단한 외골격의 발달을 들 수 있습니다. 외골격의 발달은 몸을 보호하고, 근육의 부착점을 마련해 주며, 수분이 몸 밖으로 증발되는 것을 막아 줍니다.

물 없이 살 수 있는 생물이란 한 가지도 없습니다. 육지에 사는 작은 체격의 곤충으로서는 몸 안의 수분 증발을 막는 것이 가장 중요한 문제입니다. 곤충은 몸 속에 뼈가 있는 것이 아니고, 외부의 껍질이 바로 골격입니다. 그 껍질은 부드러우면서도 튼튼하여 몸내부의 수분을 잘 지켜 주고 있습니다.

둘째, 몸의 크기인 체격이 조그맣다는 점입니다. 곤충은 체격이 큰 종류는 점점 줄어들고 거의 모두 작은 체격

으로 진화되어 왔습니다.

체격이 작으면 적으로부터 몸을 피해 숨기가 쉬우며, 또한 먹이를 조금만 먹어도 된다는 이점이 있습니다.

체구가 크면 생존에 불리하다는 예는 얼마든지 있습니다. 쉬운 예로 공룡의 멸종을 들 수 있습니다. 수백만 년 전에 지구 위를 온통 휘젓고 다니던 큰 체격의 공룡들은 그 거대한 몸집 때문에 오늘날 한 마리도 볼 수 없게 사라져 버렸습니다.

가장 작은 곤충으로는 바늘구멍도 쉽게 지나갈 수 있는 것으로부터 현미경으로 보아야만 겨우 보이는 것까지 있습니다.

셋째, 날 수 있다는 점을 들 수 있습니다. 곤충의 날개는 생존 경쟁 및 종족 번식과 분산에 큰 힘이 되었습니다. 왜냐하면 적으로부터 재빨리 도망갈 수 있으며, 반대로 빠른 속력으로 먹이를 잡을 수 있기 때문입니다.

뿐만 아니라 불리한 환경을 떠나 더 좋은 환경으로 재빨리 이동해 가서 살 수가 있습니다.

넷째, 변태하는 특징을 들 수 있습니다. 나비를 예로 봅시다. 처음에는 알로 태어나지만, 그 알이 깨어나면 애

◀ 성장한 사슴벌레의 모습

벌레가 됩니다. 애벌레는 다시 번데기의 시기를 거쳐 마침내 공중을 날 수 있는 나비가 됩니다.

이렇듯 처음에는 알로 태어나지만 애벌레 시기, 번데기 시기를 거쳐 어른이됩니다. 이들 알 시기와 번데기 시기에는 먹이를 전혀 먹지 않아도 되기 때문에 식량을 구하기가 힘든 겨울과 같은 계절도 무사히 지내게 됩니다.

다섯째, 높은 번식력을 들 수 있습니다. 곤충은 다른

어느 동물보다도 높은 번식력을 가졌습니다.

곤충이 낳는 알의 수는 곤충의 종류에 따라서 다르지만, 여왕벌은 일생 동안에 60만 개의 알을 낳습니다. 집파리의 알을 낳는 숫자는 더욱 놀랍습니다. 한 마리의 암컷 파리가 알을 낳으면 그 알은 깨어나 다시 파리가 되는데, 이런 식으로 한 해 여름 동안에 태어나는 알의 총 수를 합한다면 50여조 개에 달하게 된다고 합니다.

그러나 실제로 안전하게 깨어나 어른이 되는 알은 매우 적습니다. 도중에 또 다른 곤충의 먹이가 되기 때문입니다.

또한 날씨, 온도 등도 곤충이 실제로 낳은 알의 수만큼 불어나지 않게 하는 이유로 작용합니다. 그리하여 이 지구 위의 곤충의 수효는 거의 일정하게 유지됩니다.

이러한 여러 가지 유리한 조건 때문에 곤충의 종족 번식은 널리 확산되어 현재 지구에서 곤충을 볼 수 없는 곳은 깊은 바닷속뿐입니다. 이들 여러 조건들 중 어느 것이 더 중요하고 우선순위라고 말하기는 어렵습니다. 서로 연관을 갖고 작용을 해서 오늘날 지구 위에서 가장 많은 종류와 수를 가진 동물의 위치를 차지하고 있는 것입니다.

사람보다 먼저 나타난 곤충

곤충의 역사는 인간이 지구 위에 나타나기 훨씬 전에 시작되었습니다.

최초의 곤충은 날개가 없었으며, 고생대 후기인 석탄기에 이르러 날개 달린 곤충이 나타난 것으로 추측됩니다.

곤충의 진화 역사에서 가장 확실한 변화는 바로 이 날개의 출현입니다.

최초로 화석에 나타난 곤충들의 모습은 날개는 있으나 날개의 연결부가 간단한 관절로 되어 있어서 뒤로 접을 수도 없고 단지 위 아래로 움직일 수밖에 없었습니다. 이런 곤충을 고시류라고 하는데 하루살이나 잠자리의 날개와 같은 것들입니다.

여기서 진화된 것이 벌이나 나방, 파리 같은 날개를 접을 수 있는 신시류 곤충들입니다.

두 번째의 큰 변화는 곤충들의 완전 변태라는 것입니다.

곤충의 조상들은 대부분 불완전 변태를 했는데, 불완전 변태를 하는 곤충들은 애벌레와 어미벌레의 모양이 거의 같고 먹이의 종류와 환경도 대개 같습니다.

그러나 완전 변태의 곤충들은 알→애벌레→번데기→어미벌레의 네 가지 형태로 차례로 바뀌게 됩니다.

이러한 형태 변화는 곤충들의 환경의 변화에 적응하고 대처하는 데에 매우 유리한 조건이 되었습니다.

이렇듯 완전 변태를 하게 되면서 곤충들은 더욱 빠른 속도로, 또 여러 방향으로 활발하게 진화하게 되었습니다.

오늘날 곤충의 90퍼센트가 완전 변태의 곤충들이며 나머지 10퍼센트의 곤충만이 불완전 변태를 하고 있습니다.

지금까지 알려진 곤충의 종류만도 80만 종류가 넘는 것으로 미루어 곤충의 무리들이 얼마나 복잡하고 다양한 모습과 행동을 가진 동물로 진화해 왔는지 알 수 있습니다.

곤충들은 민등뼈 동물 가운데에서 가장 감각 기관이 발달되어 있으며 그 중에 후각과 시각 계통이 특히 뛰어나게 발달되었습니다.

그리하여 오늘날은 깊은 바닷속만 빼놓고는 어디서나 곤충들이 번성하고 있습니다.

곤충은 이제 지구 어디에나 살고 있습니다. 지구 위의 어디를 가 보아도 거기엔 곤충의 종류가 득실거립니다.

땅을 파 보면 그 땅 밑에서도 수많은 곤충이 발견됩니다. 나무껍질 속에도, 나뭇잎 속에도 여러 가지 곤충이 발견됩니다. 가장 추운 곳과 가장 더운 곳, 그리고 가장 높

풀잠자리

은 산꼭대기까지 곤충은 올라가 살고 있습니다.

그런데 곤충이 발견되는 곳은 대부분이 육지입니다. 물에서 사는 곤충들은 많지 않습니다. 민물에는 그래도 물방개, 소금쟁이, 장구애비 등 몇 천 종류의 곤충이 살고 있지만, 바다에는 손가락으로 꼽을 정도의 곤충 종류만이 발견될 뿐입니다.

그러면 왜 바다에서는 곤충이 번성하지 못했을까요?

바다에는 먹을 것도 많고 해조도 많이 자라고 있어 살기가 좋을 것 같은데 왜 곤충들은 바다에서 살기를 포기하고 육지로만 올라간 것일까요?

바다의 짜디짠 염분이 싫어서일까요? 그것은 아닙니다. 사해와 같은 소금호수에도 곤충은 살고 있으니까요.

그럼 그렇게도 잘 적응하고, 번성하는 곤충이 바다에서만은 왜 살기를 포기했을까요?

그것의 가장 큰 원인은 곤충들의 가장 무서운 적 때문입니다. 곤충들이 가장 두려워하는 갑각류 즉 게, 새우, 따개비 등의 동물이 바닷속에 우글거리고 있기 때문입니다.

그리하여 곤충은 깊은 바다에서는 번성하지 못하고 오

직 육지와 육지의 물인 민물에서만 번성하였습니다.

다양한 생김새의 곤충

이렇게 종류가 많고 오래된 곤충의 몸은 과연 어떤 생김새를 하고 있을까요?

곤충은 본능과 습성에 따라 그 생김새와 생태가 다양합니다. 그뿐만 아니라 각 기관의 기능 또한 매우 복잡합니다.

곤충의 몸은 물고기나 개구리와는 달리 몸에 뼈가 없습니다. 그 대신 단단하고 튼튼한 피부가 몸둘레를 감싸고 있습니다. 이 피부는 쿠티쿨라라는 물질로 되어 있습니다. 그래서 뼈의 기능을 대신해서 곤충의 각 기관을 지탱하고 몸 안을 보호해 주고 있습니다.

또한 이 딱딱한 피부는 전체가 하나로 둘러싸여 있지 않고 곳곳에 마디가 있어서 굽히고 펴는 운동을 할 수 있도록 되어 있습니다.

가슴에 달려 있는 다리에도 몇 개의 마디가 있어서 다

리를 마음대로 폈다 구부렸다 할 수 있습니다. 또한 머리, 가슴, 배가 각기 그 역할에 따라 잘 움직이고 있습니다.

곤충의 생김새를 살펴보면 다른 절지동물과 구별되는 여러 가지 특징을 가지고 있다는 것을 알 수 있습니다.

첫째, 곤충의 몸은 머리, 가슴, 배의 세 부분으로 나누어져 있습니다.

모기와 같은 작은 곤충을 보면 그 특징을 쉽게 찾을 수 없지만 모기도 역시 머리, 가슴, 배의 구별이 있습니다.

딱딱한 껍데기로 몸을 보호한다.

◀ 거북이

다슬기

달팽이

둘째, 곤충의 머리에는 2개의 더듬이와 2개의 겹눈이 있습니다.

넷째, 곤충의 배에는 마디가 있고, 그 마디마다 숨구멍이 있습니다.

이 네 가지 특징 중에서도 다리의 수, 날개가 있느냐 없느냐에 따라 곤충이냐 아니냐가 결정되는 것입니다.

잠자리, 개미, 나비와 매미를 함께 놓고 보면 전혀 닮은 데가 없는 것 같습니다. 그러나 자세히 살펴보면 곤충들은 위의 네 가지 특징으로 서로 닮아 있는 것을 알게 됩니다.

곤충의 머리는 종류에 따라 그 생김새가 조금씩 다른데, 그 차이는 주로 먹이를 먹는 방법에 따라 생기는 것으로 여겨집니다.

예를 들어 메뚜기나 여치처럼 풀을 먹고 사는 곤충의 머리 부분은 마치 초식 동물인 소나 말처럼 긴 네모꼴을 하고 있습니다.

그러나 사마귀, 잠자리 명주잠자리 같이 산 생물을 잡아먹는 육식성 곤충은 고양이나 여우처럼 아래가 뾰족하게 세모꼴 모양으로 되어 있습니다.

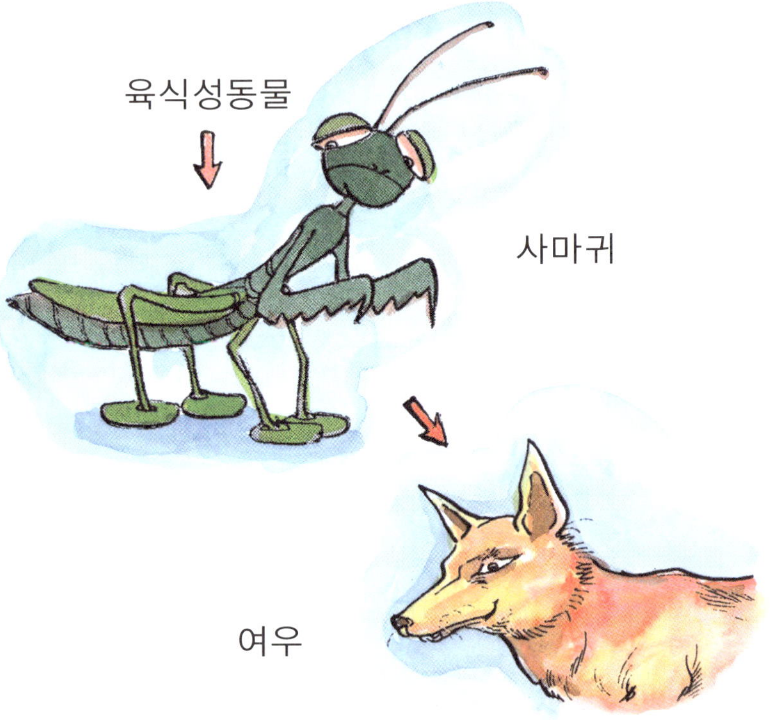

바퀴처럼 아무거나 닥치는 대로 다 먹는 잡식성 곤충은 쥐처럼 세모와 네모의 중간 모습을 하고 있습니다.

이렇게 여러 모양의 머리에는 두 개의 더듬이와 두 개의 겹눈 그리고 입이 있습니다.

곤충의 가슴은 세 개의 마디로 되어 있습니다. 여기에는 보통 4장의 날개와 6개의 다리가 붙어 있습니다. 이 가슴은 앞가슴, 가운데가슴, 뒷가슴으로 나누어져 있습니다.

날개 부분은 곤충에 따라 그 모양이 각각 다릅니다. 나비와 나방의 날개에는 많은 비늘이 붙어 있는 것이 특징입니다.

풍뎅이, 하늘소, 사슴벌레 같은 딱정벌레류의 등을 보면 딱딱한 덮개를 걸치고 있는데 이것은 가운데 가슴에 있던 앞날개가 변하여 생긴 것으로 덮개 날개라고 합니다.

파리나 모기는 날개가 한 쌍뿐입니다.

뒷날개는 긴 세월이 흐르는 동안에 점점 퇴화하며 아주 작은 흔적만 남아 있는데 이것을 평균봉이라고 부릅니다.

이 평균봉은 앞날개가 나는데 날개짓이 잘 되므로 도와주는 일을 합니다. 날개가 있기 때문에 곤충은 날아다닐 수 있습니다. 그러나 나는 속도나 방법에 있어서는 곤충에 따라 차이가 많이 납니다. 그것은 날개의 생김새나 크기가 곤충마다 다르기 때문입니다.

곤충은 어느 것이나 여섯 개의 다리 즉, 세 쌍의 다리를 지니고 있습니다. 그런데 그 생김새는 곤충의 생활 환경에 따라 가지가지입니다.

땅 밑을 파고 다니는 땅강아지의 앞다리를 보면 허벅다리가 굵고 종아리도 넓적해서 마치 삽처럼 땅을 파는 데에 적합합니다.

또한 귀뚜라미, 메뚜기, 여치 등은 뒷다리가 굵고 길어서 튀기에 적당합니다. 뒷다리로 땅을 힘차게 찬 다음 높이 뛰어오르는데, 자기 몸의 10배 이상을 뜁니다.

장수풍뎅이, 하늘소 등과 같이 나무에 올라가는 곤충은 올라갈 때 나무에서 미끄러지지 않도록 발톱이 발달하였습니다. 이 발톱과 다리의 생김새는 나무를 붙잡기에 좋습니다. 물 속에서 사는 물방개, 소금쟁이, 물땅땅이 등의 발에는 털이 나 있어서 발이 물에 젖지 않으며 뒷다리가 길어 헤엄치기에 좋습니다. 헤엄칠 때는 발에 나 있는 털이 모두 펼쳐져 물을 젓기 쉽게 만듭니다. 이렇듯 곤충은 살아가는 방법과 환경에 따라 자신의 몸을 발전시켰습니다.

곤충의 배는 사람과 마찬가지로 먹이를 소화 흡수하는 소화기가 있습니다.

그러나 곤충의 머리나 가슴에 비하면 배의 생김새와 구조는 매우 단순합니다. 대개는 원통 모양을 하고 있으며, 곤충의 종류에 따라 조금씩 다른 기관이 발달해 있습니다.

먹이는 식도를 통하여 가운데 창자로 들어갑니다. 여기는 사람의 위와 같은 작은창자의 역할을 하는 부분입니다. 흡수된 영양분은 피로 들어가 온몸으로 보내지고 남은 영양분은 저장됩니다.

배에는 또한 곤충의 호흡 기관인 숨문과 숨관이 있습

물방개

메뚜기

장수풍뎅이

하늘소

니다. 곤충은 배를 움직임으로써 기문으로 공기를 빨아들이는데 이 빨아들인 공기 중의 산소는 숨문을 통하여 숨관으로 들어가 여기에서 직접 몸의 각 부분으로 보내집니다.

기관은 내장에 짓눌려 찌그러지지 않도록 탄력 있는 구조로 되어 있습니다.

또한 암컷의 배 끝에는 자손을 번식시키기 위해 알을 낳는 산란관이라는 기관이 달려 있습니다.

산란관의 생김새는 대체로 길고 가늘어서 알을 낳기에 편리하게 생겼는데 곤충들은 이것을 땅이나 나뭇가지 혹은 물 속에 넣고 알을 낳습니다.

벌에는 꼬리에 끝이 매우 날카로운 침이 나 있는데 이것도 산란관이 변해서 된 것입니다. 이 날카로운 침 끝에는 작은 가시가 반대 방향으로 나 있어서 이것이 일단 한 번 적의 몸에 박히면 잘 빠지지 않게 되어 있습니다.

반디의 배에는 빛을 내는 발광기가 있고, 매미의 배에는 소리를 내는 발음기가 있습니다. 이렇듯 곤충들은 배 부분을 자신의 환경에 따라 발달시켰습니다.

그 조그만 몸에 살아가는 데 필요한 온갖 기능을 갖춘

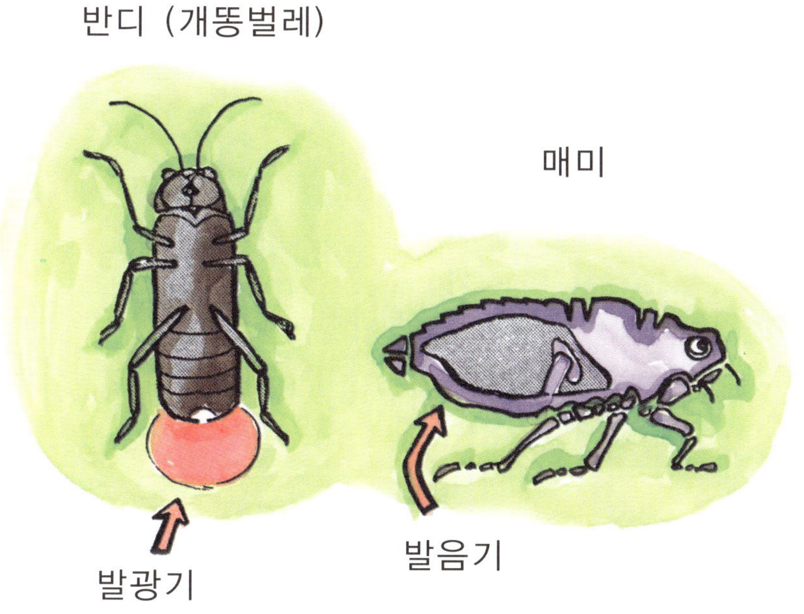

것입니다.

곤충의 신경은 머리에서 배에 걸쳐 퍼져 있습니다. 그리고 그 중심은 머리 부분의 뇌에 있습니다.

또한 몸의 각 마디에는 신경의 덩어리가 있어서 뇌의 작용을 돕고 있습니다.

꿀벌은 꿀을 따러 여행을 나갔다가도 어김없이 자기 집을 찾아옵니다. 이것도 뇌가 없다면 불가능한 일인 것입니다.

곤충에게서 무엇보다 발달되어 있는 기관은 감각 기관입니다.

꽃잎에 앉아 있는 나비에게 가까이 다가가면 어느 새 나비는 날아가 버립니다. 이것은 곤충에게 냄새를 맡고 듣고 볼 수 있는 능력이 있기 때문입니다.

곤충은 그 작은 몸뚱이에도 불구하고 시각, 청각, 미각, 촉각 등의 모든 감각을 가지고 있습니다.

그러나 모든 곤충의 미각은 입에 있고, 촉각은 발에 있는 것은 아닙니다.

파리의 경우 다리에 감각털을 가지고 있어서 이것으로 음식의 맛을 봅니다. 나비도 또한 그렇습니다. 먼저 발로 맛을 보고 나서 입으로 먹이를 먹습니다. 어느 곤충은 배 끝에 있는 알을 낳는 관에서 맛을 알아냅니다.

곤충의 입 모양은 먹이에 따라서 각기 생김새와 구조가 다르게 발전되었습니다. 처음 곤충의 입은 먹이를 무는 데 편하도록 되어 있었는데, 점차 빠는 입과 핥는 입으로 갈라져서 발달되었습니다.

곤충의 입의 생김새는 제각기 먹이를 잡는 데에 편리하도록 특징 있게 발달되었습니다.

나비의 입처럼 빨기에 좋은 대롱같이 생긴 기다란 모양의 입, 매미의 입처럼 나무에 찔러 넣고 나무즙을 빨기에 좋은 침 모양의 입, 풍뎅이나 메뚜기처럼 갉아 내거나 물어 끊기에 좋은 입, 파리의 입처럼 핥아서 빨아 먹기에 좋은 생김새의 입 등 그 생김새가 매우 다양합니다.

그러나 기본적으로는 물기에 편한 구조인 큰 턱, 작은 턱, 아랫입술, 윗입술로 이루어져 있으며 좌우로 움직이는 특징이 있습니다.

큰 턱은 먹이를 대하면 물거나 씹거나 잘게 부수는 일을 합니다. 마치 사람의 앞니와 어금니가 하는 역할의 일을 합니다. 이 큰 턱이 열려 있을 때에는 작은 턱이 닫혀서 먹이가 입 밖으로 새어 나오지 않게 되어 있습니다. 그러나 곤충들의 입은 대부분 자신들의 먹이를 먹기에 적합하게 발달되었습니다.

파리와 어떤 종류의 나비 입은 꿀이나 먹이를 핥거나 빠는 데 편리하도록 발달된 끝에 큰 턱은 할 일이 없어졌기 때문에 퇴화되어 버렸습니다.

곤충 가운데에는 미각이 특히 발달된 종류가 있는데, 그 중 보라색파리는 사람의 미각보다 4배정도나 더 예민합니다. 꿀벌의 미각도 설탕의 단맛과 인공 감미료의 단맛을 구별해 냅니다.

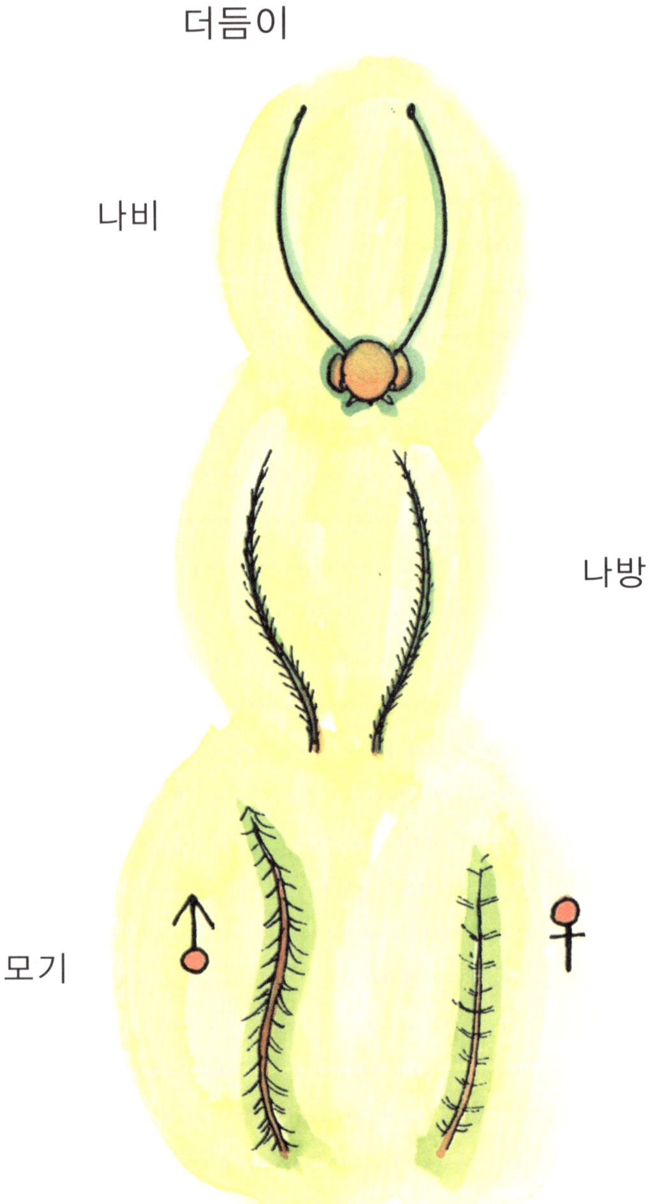
더듬이
나비
나방
모기
♂
♀

한편, 곤충의 더듬이는 사람의 입이나 눈, 귀와 같은 여러 가지의 기능을 갖고 있습니다. 그것은 여러 기능을 다 가지고 있다는 뜻이 아니라 곤충들마다 더듬이를 다른 기능으로 사용한다는 말입니다.

모기의 더듬이는 소리를 알아듣는 청각 기능을 합니다. 딱정벌레나 개미는 더듬이로 맛을 구별합니다. 나방은 더듬이로 1킬로미터 이상 떨어져 있는 암컷의 냄새를 맡습니다. 밤에 활동하는 하늘소는 어두워서 잘 보이지 않으면 그 긴 더듬이를 앞으로 내밀어 더듬어서 걷습니다.

곤충의 더듬이는 대개 암컷의 더듬이보다 수컷의 더듬이가 더 깁니다. 이것은 암컷이 내는 소리나 냄새를 수컷이 쉽게 알아내기 위한 것으로 보입니다.

곤충의 청각 기관은 더욱 엉뚱한 모양과 구조, 그리고 장소에 있습니다.

대부분의 곤충은 몸 전체에 나 있는 털 안에 소리를 알아듣는 기관을 가지고 있습니다. 그래서 그것으로 공기의 움직임을 듣습니다.

또한 소리를 내는 구조가 있는 곤충은 자기들이 내는

소리를 알아듣는 예민한 귀를 가지고 있습니다. 이 귀를 사용하여 같은 무리를 찾거나 적으로부터 도망칩니다.

귀뚜라미와 여치는 앞발의 바로 아래에 작고 길쭉한 구멍이 뚫려 있는데 이것이 바로 그들의 귀입니다. 이 구멍 안에 소리를 알아듣는 고막과 그 소리를 전하는 신경이 있습니다. 풀무치의 귀는 옆배에 있습니다. 풀무치의 날개를 들고 보면 가슴과 배의 경계가 되는 곳에 초생달 모양의 우묵한 곳이 보이는데 바로 이것이 귀입니다.

이렇듯이 대부분의 곤충의 귀는 머리 부분이 아닌 다리나 배 부근에 있습니다. 또 매우 단순한 구조로 되어 있습니다.

그러나 곤충들이 소리를 구별하는 능력은 인간보다도 훨씬 뛰어납니다. 곤충들은 인간이 들을 수 없는 작은 소리까지도 들을 수 있습니다.

어떤 종류의 나방은 박쥐가 날아다니는 소리인 초음파까지 들을 수 있는데 이것은 나방을 먹이로 하는 박쥐로부터 피해 달아나기 위해 발달된 것입니다.

그러나 곤충 가운데에는 목소리를 가진 것은 없습니다. 곤충은 대부분 몸의 일부를 움직여서 소리를 냅니다.

곤충들의 소리는 종류에 따라 각기 다릅니다. 그렇지만 한 종류의 곤충은 오직 한 가지의 노래만을 부를 뿐입니다.

곤충의 눈은 육각형의 수많은 낱눈으로 이루어져 있습니다. 이 눈을 겹눈이라고 합니다.

이 낱눈들은 하나하나가 독립된 구조로 되어 있으나 시신경은 하나로 되어 있어서 각각의 눈에 맺힌 물체는 결국 하나의 모양으로 보이게 됩니다. 낱눈이 많이 모인 겹눈일수록 물체를 더욱 뚜렷하게 볼 수 있습니다.

겹눈의 특징은 움직이는 것을 민감하게 잘 보는 데 있습니다. 그래서 날아다니면서 물체를 보는 데 매우 적합합니다. 곤충에게는 움직이는 것을 재빨리 알아차리는 것이 매우 중요한데 그것은 적이나 잡아먹어야 할 먹이가 모두 움직이는 것이기 때문입니다.

곤충에 따라서는 겹눈 외에도 홑눈을 가진 종류도 있습니다. 이 홑눈은 그것만으로는 물체를 잘 볼 수 없지만 겹눈의 역할을 도와 물체를 더 밝게 보이도록 밝기를 조절하는 역할을 합니다.

곤충의 대부분은 색깔을 잘 구별하지 못한다고 합니

다. 그러나 꿀벌이나 나비는 시력이 좋은 편이어서 색깔을 일부 구별합니다. 하지만 붉은 빛깔은 전혀 보지 못하고 녹색이나 주황색 계통은 모두 노란색으로 봅니다.

그 대신 곤충 가운데에는 사람의 눈에는 보이지 않는 자외선을 보는 종류도 있습니다. 이렇듯 곤충이 보는 색깔은 우리들이 보는 색깔과는 많이 다른 것을 알 수 있습니다.

곤충의 특이한 습성 가운데에는 빛을 향하는 습성이 있습니다. 여름 밤이면 곤충들이 불빛을 향해 모여드는 것을 볼 수 있는데, 이를 주광성이라 합니다.

밤에 활동하는 나방이 그 대표적인 곤충입니다.

나방은 빛과 관련하여 비행하는 성질이 있습니다. 나방은 해가 비치는 쪽을 향하여 약 90도 각도를 유지하면서 나는데, 어떤 불빛이든지 해와 마찬가지로 이 각도를 유지하면서 날게 됩니다.

결국은 빛의 중심으로 가까이 가게 되어 부딪치거나 타버립니다. 그것을 보면 매우 어리석게 보입니다. 그러나 사실은 나방보다 늦게 생겨난 인간이 이들 생물계에 혼란을 일으키도록 만든 것입니다. 인간이 형광등, 촛불

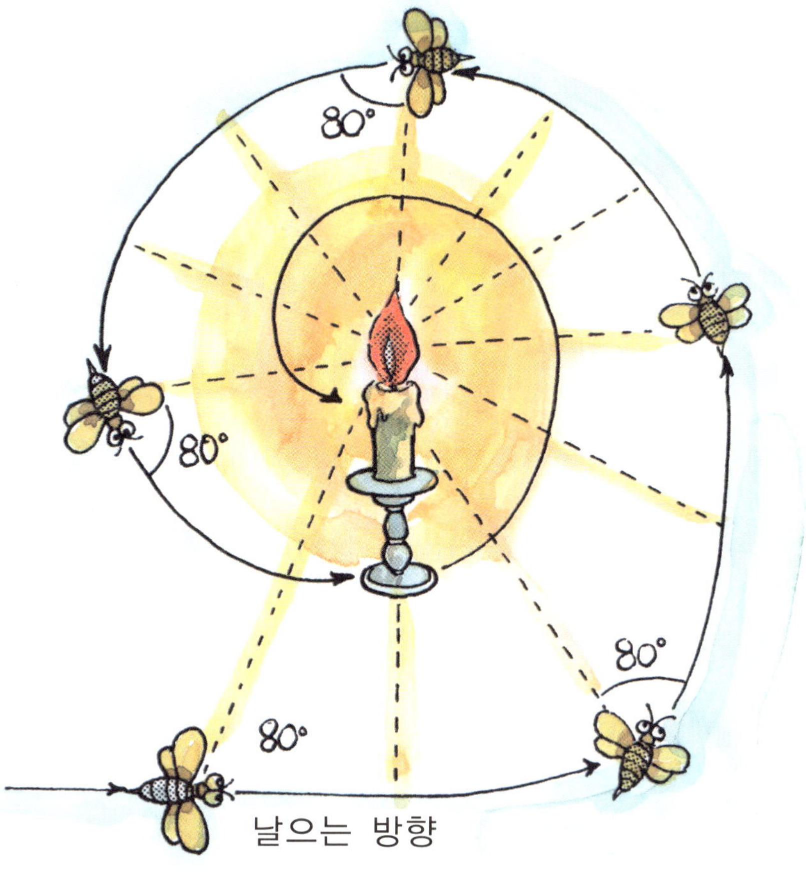

과 같은 불을 만들어 사용하는 것도 모르고 나방은 사람이 만든 불에도 해를 중심으로 90도 각도로 나는 것처럼 날다가 결국 죽게 되는 것입니다.

곤충 가운데에서 가장 작은 것은 길이가 0.25밀리미터의 딱정벌레 종류로서 바늘구멍도 쉽게 빠져 나갈 수 있습니다. 가장 큰 크기의 곤충으로 알려진 것은 인도에 사는 아틀라스나방입니다. 아틀라스나방이 날개를 활짝 편 크기는 30센티미터나 됩니다.

그러나 역시 대부분의 곤충은 몸길이가 6밀리미터 이내의 작은 것이 많으며 그 몸의 크기 덕분에 큰 동물에 의해 잡아먹힐 염려 없이 또한 먹이의 걱정 없이 여러 장소에서 오늘날처럼 살 수 있게 된 것입니다.

집단으로 생활하는 곤충

곤충 가운데에는 집단으로 생활하며 하는 일을 나누어 하나의 사회를 이루는 종류가 있습니다. 벌과 개미의 무리가 이들 대표적인 곤충입니다.

개미와 벌의 무리가 집단생활을 하게 된 이유는 서로 다르지만, 이들은 서로 비슷한 사회생활을 하고 있습니다.

벌과 개미의 애벌레와 어미와의 관계에서도 약간씩 다릅니다. 흰개미는 애벌레에게는 없는 자신의 창자 속의 원생동물을 애벌레에게 나눠 주어 양분을 얻게 합니다. 또한 벌은 애벌레에게 입으로 먹이를 먹여 주기 위하여 어미와의 집단이 이루어졌습니다.

그러나 한 장소에 같은 무리가 많이 모여 생활하게 되면 먹이나 생활 장소를 둘러싸고 싸움이 일어날 위험이 있습니다. 그래서 벌이나 흰개미 등은 서로 각자의 일을 나누어 맡음으로써 이러한 위험을 막았습니다. 따라서 벌과 개미의 집단은 각기 질서 있는 사회를 이루게 된 것입니다.

꿀벌, 띠호박벌, 쌍살벌 등의 벌 무리는 이러한 집단생활을 하고 있습니다.

이들 벌의 집단은 모두 한 마리의 여왕벌을 중심으로 하여 대가족을 이루고 있습니다. 그 가운데서도 꿀벌의 사회는 한 마리의 여왕벌과, 그 새끼인 3만 마리 정도의 수벌로 이루어져 있는데 여왕 주위의 수컷을 제외하면 모두 일벌로 이루어져 있습니다.

여왕벌의 알은 처음에는 일벌의 알과 똑같은 알입니다. 그러나 여왕벌이 되는 알은 왕대라고 불리는 방에서 로얄젤리라는 특수한 꿀로 길러져 여왕벌이 됩니다. 여왕

벌이 하는 일은 오직 알을 낳는 일뿐이며 하루에 약 3천 개 가량의 알을 낳습니다.

수벌은 여왕벌과 교미하여 알을 낳게 합니다. 그래서 여왕벌을 찾기 쉽도록 겹눈이 크게 발달되어 있으며 공중을 나는 힘도 강합니다. 그러나 몸은 비록 일벌보다 크지만 일하기에는 적당하지 않으며, 번식기가 지나면 쫓겨나서 죽게 됩니다.

벌의 사회에서 무엇보다 가장 중요한 것은 일벌의 생산과 양육입니다. 여왕벌이 하루에 3천여 개씩 낳는 알은 3일이 지나면 부화됩니다. 깨어난 지 4~5일이 지난 벌은 집 청소를 하고 2주 정도가 지나면 로얄젤리로 애벌레를 돌보는 일, 그리고 밀랍으로 집을 짓는 일을 하게 됩니다.

4주째가 가까워지면 꿀이나 꽃가루를 찾아 나갑니다. 그리고는 늙어 죽거나 적에게 죽음을 당할 때까지 쉬지 않고 식량을 모으러 다닙니다.

이렇듯 꿀벌의 사회에서는 모든 일이 각각 나누어져 있습니다.

여왕벌은 결혼할 때와 집을 나갈 때 외에는 밖에 나가지 않습니다. 여왕벌이 하는 일이라고는 알을 낳는 일뿐입니다. 여왕벌 주위에는 항상 시종인 일벌이 있어서 여왕을 핥거나 매만져 주고 있는데 그 동안에 여왕벌의 분비물을 공급받습니다. 그 물질은 입에서 입으로 전달되어 집 안의 모든 벌에게 여왕이 잘 있음을 알게 해 줍니다.

그런데 만약 그 물질이 전체 벌이 나누어 먹기에 부족해지게 되거나 여왕벌이 죽게 되면 일벌의 일부는 새로운 여왕실을 만듭니다. 따라서 여왕벌이 죽은 경우에는 2주일 안에 새 여왕이 탄생하게 됩니다.

한편, 여왕벌이 살아 있어서 봄이 지나고 여름이 되어 새 여왕벌이 탄생하게 되면 묵은 여왕벌은 약 반수의 일벌을 거느리고 나가, 다시 새 집을 짓고 벌의 가족을 만드는 데, 이것을 분봉이라고 합니다.

이사갈 때 새 집을 누가 결정하는 가를 알아보는 것은 매우 재미있습니다.

일벌의 한 무리가 미리 새 집을 지을 장소를 찾으러 나가게 되는데, 좋은 장소를 찾아내게 되면 그들은 즉시 돌아와 엉덩이춤으로 그 장소를 동료 일벌에게 알립니다. 그들의 엉덩이춤은 정확한 위치뿐만 아니라 그 장소가 얼마나 좋은지 까지도 알려 줍니다.

그러면 많은 수의 일벌들이 그 이사갈 새 집을 결정합니다. 여왕벌이 결정하는 것이 아니라 많은 수의 일벌이 원하는 곳이 꿀벌들의 새 집이 되는 것입니다. 이런 점에서 꿀벌의 집단은 훌륭한 사회집단인 것입니다.

여왕벌을 중심으로 사회가 이루어져 수펄, 일벌이 각자 맡은 일을 잘 해나가면서도 중요한 결정은 많은 일벌의 결정에 의해 이루어지는 사회인 것입니다.

사회를 이루어 집단생활을 하는 대표적인 또 하나의 곤충은 개미입니다.

개미도 수만 마리씩 큰 집단을 이루고 살며, 모두 자기에게 맡겨진 역할에 따라 일하며 질서 있는 사회를 이루어 갑니다.

개미 사회는 많은 점에서 인간 사회와 유사점이 있습니다. 겨울 식량을 얻기 위하여 먹이감을 모으는 일, 사냥을 하는 일, 기르는 일을 발달시켜 온 것입니다.

여왕벌을 둘러싸고 있는 일벌들

개미의 사회는 여왕개미 수개미, 일개미로 이루어져 있습니다. 여왕개미와 수개미는 날개가 있는데 그들은 멋진 공중 결혼을 합니다. 수많은 수개미가 여왕개미를 따라가지만 가장 힘세고 날쌘 수개미가 여왕개미와 결혼을 하게 됩니다. 나머지 힘이 모자라는 수개미는 모두 땅에 떨어져 죽습니다.

결혼 비행을 마친 여왕개미는 땅으로 돌아와 날개를 떨어뜨립니다. 그리고는 혼자서 작은 구멍을 파고 알을

여왕개미를 감싸 지키는 일개미들

낳습니다.

여왕개미가 최초로 낳은 알은 장차 일개미가 되어 애벌레를 돌보고 집을 짓고 먹이를 나릅니다. 처음 낳는 알에서 일개미가 태어나면 여왕은 계속 알 낳는 일만 계속하게 되는데, 이 알 속에서 새로운 여왕개미가 태어납니다.

벌에는 한 집단에 여왕벌이 한 마리뿐이지만, 이와는 달리 개미는 한 집단에 여러 마리의 여왕개미가 있습니다.

이와 같이 벌과 개미는 각각 자신에게 맡겨진 역할에 따라 일하며 질서 있는 사회를 이룹니다.

집단으로 생활하면 여러 가지로 편리한 점이 많습니다. 예를 들어 작은 개미일지라도 힘을 합하면 자기 몸의 몇 십 배나 되는 먹이를 끌고 가 저장할 수 있습니다. 또한 침입해 온 다른 개미 떼와 싸워 물리칠 수가 있기 때문입니다.

그러면 개미는 어떻게 이러한 질서 있는 사회생활을 할 수 있는 것일까요? 말도 하지 않으면서 어떻게 의사가 교환될 수 있으며, 어떻게 여왕개미와 수컷개미, 병정개

미와 일개미의 비율이 조정되는 것일까요? 개미들끼리의 영양의 교환은 이러한 의문에 어느 정도 설명이 되어 줍니다.

개미들은 끊임없이 서로 핥으면서 먹이 또는 분비물을 교환하고 있습니다.

개미들은 집 속에서 또한 끊임없이 여왕의 시중을 들어 주며 분비물을 개미들에게 나누어 줍니다. 또한 알과 유충을 핥아 줍니다. 그리고 같은 집의 개미끼리 만나게 되면 서로 몸을 부딪치고 때때로 입에서 입으로 작은 액체 방울을 전달합니다.

대부분의 개미들은 이러한 영양 교환이 이루어져야 살 수 있습니다. 만약 군대개미의 여왕을 며칠 동안 그들의 식구들과 떼어 놓으면 몸이 약해져서 죽고 맙니다. 개미의 영양 교환은 그만큼 중요한 것입니다.

이러한 영양 교환은 개미들이 죽지 않고 사는데 뿐만 아니라, 자기 집단 개미와 다른 집단의 무리를 구별하고, 의사를 전달하며, 역할에 따른 개미의 숫자를 조절하는 데도 필요하며 개미 사회를 질서 있게 이루어지게 하는 것입니다.

곤충은 겨울을 어떻게 지낼까요?

곤충은 기온과 더불어 체온이 변하는 변온 동물입니다. 그래서 기온이 낮은 겨울이 오면 거의 활동할 수가 없게 됩니다.

따뜻한 피가 흐르는 포유동물과 조류들은 겨울이라도

체온의 변화가 없기 때문에 겨울의 추위를 잘 견디고 살아나갑니다. 그러나 곤충들은 겨울을 지내는 데 특별한 방법이 필요합니다.

곤충들은 땅 밑이나 물 밑에서 겨울잠을 자기도 하고, 스스로는 추위를 견디지 못하기 때문에 대신 추위에 강한 알이나 번데기 상태로 겨울을 지내기도 합니다.

알, 애벌레, 번데기, 어른벌레의 어느 상태로 겨울을 나는가 하는 것은 곤충의 종류에 따라 다릅니다. 곤충들은 어른벌레로 겨울을 나는 것과, 어른벌레는 죽고 알이나 번데기의 상태로 겨울을 나는 것으로 크게 나누어집니다.

왕사마귀, 천막벌레나방, 밤나무산누에나방 등은 특이한 상태로 보호된 알로 겨울을 납니다. 알 자체만으로도 알을 싸고 있는 알껍데기가 추위를 막아 주지만 왕사마귀의 알주머니는 둘레에 거품이 둘러싸여 있어 온도를 적절하게 유지해 줍니다. 천막벌레나방의 일은 나뭇가지 둘레에 띠같이 둘러 겨울을 납니다. 밤나무산누에나방의 알은 나무 줄기에 모여 붙여서 겨울을 납니다.

애벌레의 상태로 겨울을 나는 열점박이무당벌레의 애

벌레, 왕오색나비의 애벌레, 장수풍뎅이의 애벌레 등은 가을이 깊어지면 추위를 피하여 마른 풀 밑이나 낙엽 속, 썩은 퇴비 속에서 휴면을 하며 겨울을 납니다.

호랑나비의 번데기나 배추흰나비의 번데기는 풀이나 나무에서 겨울을 나는데 알과 같이 단단한 껍데기에 싸여 겨울을 납니다.

어른벌레로 겨울을 나는 곤충도 많이 있습니다. 잠시도 쉬지 않고 먹이를 찾아다니던 개미도 겨울이면 어디로인지 모습을 감춥니다. 그러나 개미는 겨울이라도 죽지 않고 저장해 둔 양식을 먹으며 땅 밑 굴 속에서 추운 계절을 지냅니다. 다음 해에 봄이 돌아와 꽁꽁 얼었던 땅이 녹으면 개미는 그때부터 다시 부지런히 먹이를 찾아 운반하기 시작합니다. 개미가 죽는 것은 추위 때문이 아니라 수명을 다했기 때문입니다.

꿀벌도 벌통 안에서 살아 움직이며 겨울을 납니다. 기온이 섭씨 13도 이하로 내려가면, 꿀벌들은 일체 밖으로 나오지 않고 벌통 속에서 한 덩어리를 이루어 서로 체온을 나누며 살아갑니다.

이때보다 기온이 높은 가운데로 들어간 벌은 천천히

밖으로 나오고, 바깥에 있는 벌은 반대로 안으로 들어가는 자리바꿈을 합니다. 꿀벌들은 끊임없이 이렇게 서로 자리를 바꾸면서 얼어 죽지 않고 봄을 기다립니다. 정말 지혜롭게 사회생활을 하는 꿀벌의 세계라고 할 수 있습니다.

산과 들을 생활의 무대로 살아가던 말벌과 호박벌도 겨울이 다가오면 거의 죽습니다. 그러나 여왕벌과 소수의 어린 벌은 죽지 않고 땅 속이나 헛간 등의 추위가 덜한 월동 장소에서 겨울잠을 자며 겨울을 지냅니다.

곤충에게 알맞은 온도는 10~30℃사이입니다. 온도가 그보다 높거나 낮아도 대부분 살기가 어려운 것입니다.

나비들은 겨울이 닥쳐오기 전에 알을 낳고 죽습니다. 어른나비는 겨울의 추위를 견디지 못하기 때문입니다. 그래서 알만이 남아 겨울을 견디며 봄을 기다리게 됩니다.

그런데 나비 중에는 마치 철새처럼 겨울이 오면 남쪽 나라를 이동을 하는 종류가 꼭 한 종류 있습니다. 북아메리카의 들판에 사는 '모나크' 라고 불리는 나비가 바로 그 종류입니다.

이 나비는 검은색과 주황색으로 된 예쁜 날개를 가지

고 있으며 여름 동안 들판을 여기저기 날아다닙니다.

그러나 여름이 지나고 가을이 다가와 이윽고 꽃들이 전부 지고 나면 먹을 꿀도 없고, 추위에 떨어야 합니다. 그러면 대부분 죽게 되는 다른 나비와는 달리 이 모나크나비만은 남쪽을 향해 이동을 시작합니다.

모나크나비는 꿀도 먹지 않고 산을 넘고 사막과 때로는 넓은 바다를 건너 남쪽으로 날아갑니다. 이 나비는 혼자서 가지 않고 떼를 지어 가는데 그때는 하늘이 온통 검은색과 오렌지색으로 뒤덮이게 됩니다.

나비의 그 연약한 날개로 그토록 먼 길을 여행한다는 것은 좀처럼 믿어지지 않습니다. 이들 나비는 나침반도 없이 어떻게 남쪽 방향을 알고 찾아가는 것일까요? 그들 나비 가운데 전에 여행을 해 본 경험이 있는 나비는 한 마리도 없습니다. 모두 지난 봄과 여름에 알에서 깨어나 생후 처음으로 장거리 여행을 하는 나비입니다.

나비의 여행은 대단히 위험한 대모험의 길입니다. 언제 적을 만나 잡혀 먹힐지 또 언제 강한 비바람을 만나 죽게 될지 모릅니다. 넓은 바다를 건너야 할 때는 아무리 지칠지라도 쉴 자리도 없습니다. 그래서 모나크나비들은 여

행 도중 떼죽음을 당하는 수가 많습니다. 그들은 그렇지만 중단하지 않고 여행을 계속합니다.

모나크나비는 도대체 남쪽 어디까지 날아가는 것일까요?

이 큰 수수께끼는 지난 1975년에 마침내 밝혀지게 되었습니다. 모나크나비의 여행 도착지는 멕시코의 높은 산 속이었던 것입니다.

그 산 속에 수백만 마리의 모나크나비가 숲의 나무를 온통 뒤덮고 있는 것이 밝혀졌습니다.

그 나비들 가운데에는 과학자들이 표시를 하여 보낸 것도 있었습니다. 먼 길을 여행하느라 나비의 날개는 대부분이 상처투성이였습니다. 표시된 나비 가운데에는 캐나다에서 온 것도 있었습니다. 이 나비의 여행 거리는 약 3,200킬로미터나 되는 것입니다.

겨울 동안 모나크나비들은 이곳에서 휴식을 취하면서 봄이 오기를 기다립니다. 그동안 그들은 북쪽으로 날아가는데 필요한 힘을 저장하는 것입니다.

드디어 2월이 되어 낮의 길이가 길어지기 시작하면 모나크나비들은 다시 미국과 캐나다를 향해 이번에는 북쪽으로 긴 여행을 떠날 준비를 갖추어 날아가는 것입니다.

그러면 누가 나비에게 이토록 먼 여행을 명령하는 것일까요? 어떻게 멕시코가 있는 방향을 아는 것일까요?

이러한 의문은 누구도 알지 못하는 수수께끼의 하나입니다. 자연계에는 작은 곤충 하나에도, 작은 식물 하나에도 이 같은 수수께끼가 아직도 많이 감추어져 있습니다.

무서운 식물나라

2012. 7. 10 인쇄
2012. 7. 15 발행

엮은이 대한과학진흥회
펴낸이 신 주 황
펴낸곳 스완미디어
등록 제2-4534호
주소 서울 · 중구 만리동1가 12-33 태영빌딩
대표전화 02) 02-393-0026
팩스 02) 02-312-8349

ISBN 978-89-92565-37-0

값 8,500원
※ 잘못된 책은 구입하신 곳에서 바꾸어 드립니다